循安處善

王大偉與古人关於君子修養的对話

王大偉 著

群众出版社

图书在版编目（CIP）数据

循安处善：王大伟与古人关于君子修养的对话 / 王大伟著. -- 北京：群众出版社，2021.1
ISBN 978-7-5014-5913-1

Ⅰ. ①循… Ⅱ. ①王… Ⅲ. ①道德修养－中国 Ⅳ. ① BB25

中国版本图书馆 CIP 数据核字 (2021) 第 051970 号

循安处善

——王大伟与古人关于君子修养的对话

王大伟 著

出版发行：群众出版社
地　　址：北京市丰台区方庄芳星园三区15号楼
邮政编码：100078
经　　销：新华书店
印　　刷：天津盛辉印刷有限公司
版　　次：2021 年 4 月第 1 版
印　　次：2021 年 4 月第 1 次
印　　张：19.5
开　　本：787 毫米 × 1092 毫米　1/16
字　　数：200千字

书　　号：ISBN 978-7-5014-5913-1
定　　价：58.00 元

网　　址：www.qzcbs.com
电子邮箱：qzcbs@sohu.com

营销中心电话：010-83903991
读者服务部电话（门市）：010-83903257
警官读者俱乐部电话（网购、邮购）：010-83901775
综合图书分社电话：010-83901870

王大伟，党员，教育学博士，中国人民公安大学教授，博士生导师，一级警监（专业技术），享受国务院特殊政府津贴。

我国首批派往西方学习警察科学的留学生，现代警察科学的引进者之一。出版《英美警察科学》等65部著作。从教近四十年，主讲公安学基础理论课，是全国公安系统首批国家级精品视频课程。

创作平安童谣、平安童话、平安童操，参与留守儿童的安全教育，深入边远地区，以安全教育扶贫，被老百姓称为：说歌谣的警察。

卷首语

一本书的拯救

在潘家园发现尘封四百年的明代典籍《最乐编》，如获至宝。批阅半年，遂得百篇与古人的对话。在“今日头条”获数千万次阅读与数万人的热议。

此书，感悟六十年未晓之立身之本、人生智慧，焦虑解脱，浴火重生。

此书，扫四十年研究犯罪学的困惑，从东京到赫尔辛基犯罪研究所，曲径通幽，于荒漠藏经洞中，偶得预防犯罪的“青蒿素”：循安处善。

此书，是人生第六十五本书。献给同龄、晚辈学生。还有孙儿，今年该发蒙读书了。

忠厚传家久，诗书继世长。

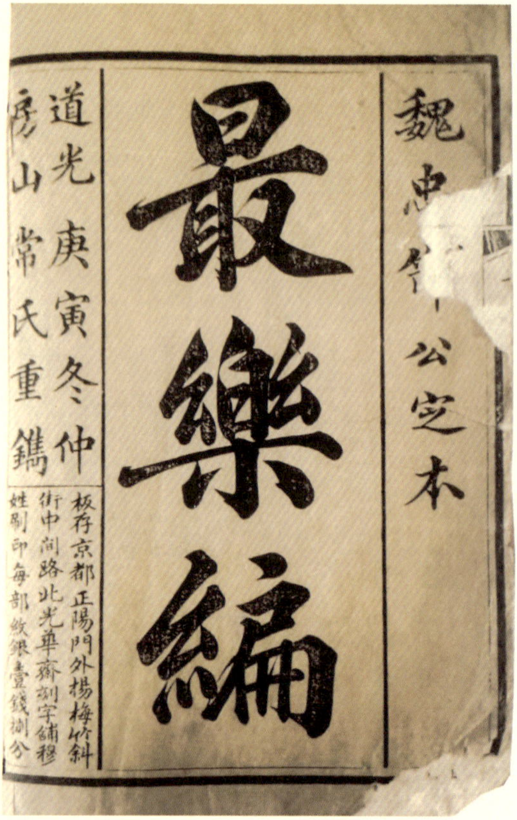

魏忠節公定本

最樂編

道光庚寅冬仲
傍山常氏重鐫

板存京都正陽門外楊梅竹斜街中間路北光華齋刻字舖穆姓刷印每部紋銀壹錢捌分

前言

『捡心』

——一本明代奇书发现记录

◇ 玩古玩的三个境界

我有这么个观点，买古玩有三个境界：一是“捡漏”，即挣了钱；二是“捡智”，即长了智慧；三是“捡心”，即与古人心灵的沟通。

◇ 潘家园

北京有个潘家园旧货市场，这可能是世界上最大的古玩市场之一，很多国家的总统、总统夫人都曾光顾过此地。

◇ 买书记

2019 年 9 月的一个星期天，我去潘家园逛旧书摊。转了一圈又一圈，什么也没发现，很失望。

突然，我在故纸堆里看见了一本书——《最乐编》。先看封面：《最乐编》，魏忠节公定本，道光庚寅仲冬。

房山常氏重镌。板存京都正阳门外，杨梅竹斜街中间路北，光华刻字铺，穆姓印刷，每部文银重一钱八分。作者高道淳（1558－1657）。为官之余，笔耕不辍。

竹纸，印刷质量一般，但翻看了两页，我就下了决心，一定要把这本书买下来。逛了这么多年的旧书摊，只有这本书合我心意。可是一问价吓了一跳：要 1500 元。

卖书的小伙子，叫小廉，为人和善。是看准了我喜欢这本书。越喜欢，他越不降价。最后是花 1400 块钱买下来的，也许是买贵了，但读书人认为好书无价。

◇ 最贴心的朋友

回到家里喜欢得不得了，包了封皮儿，还写了购书补记：

此书购于潘家园。道光原价文银一钱八分。今价 1400 元，值米 700 斤，涨价 30 余倍。

王大伟

2019 年 9 月于养云山馆

因为是木版印刷，字特别大，所以看起来很舒服。

新型冠状肺炎疫情期间，在家里看书，这本书我看了几十遍。晚上就放在枕头旁边，怕把它弄坏了弄脏了，外面还套了一个黑盒子。可以说它是我最贴心的朋友。

◇ 读书与写书

这本书特别好，于是就写了读书笔记或者叫读书感想。每天都发在“今日头条”上。时间长了，也有很多网友跟着我一块儿读这本书，还有网友留言：“搬个小板凳在这儿等着呢！”这样前前后后，写了一百零八篇心得体会。粗略估算一下，网上的点击量也有几千万人次了。

遂从里面精选了八十篇文章，送到群众出版社，请他们帮忙出版，书名就叫《循安处善——王大伟与古人关于君子修养的对话》。

◇ 只因误识林和靖，惹得诗人说到今

鬼使神差地当了一辈子老师，教了一辈子犯罪学与自我防范，到了老年却被这本书深深地打动。

我在英国的老师叫约翰·安德逊。他是英国德文和康沃两个郡的警察局长。他有一句名言，至今仍深深地影响着我：

"Police is not only some thing to punish the bad, but also some thing to act the good."（警察不仅仅是打击邪恶，而且要弘扬社会的正义。）

我曾经写过一本书《理想警察——安德逊与王大伟关于警察哲学的对话》。我幻想中的理想警察，除了有良好的装备、健硕的体型、铁的纪律和训练有素之外，

还要有一颗善良的、热爱百姓的心。

由于这是一本经典古籍，所以对其中的一些儒教、佛教、道教的思想要审慎解读。一些轮回报应的观点、消极避世的观点，也应该以批判的眼光看待。该批判的批判，该扬弃的扬弃。勿使其对青年人造成负面影响。

我已经六十四岁了，看到书里的道理和哲学，深深地感悟做人的肤浅和无知。我把这里面的九十多句警句都抄下来打印成一个小册子，置于枕边，作为人生的参考。如果我能早看到这本书，或许这一生就不会这么坎坷、跌跌撞撞了。

今年小孙子要上学了，有条件的时候，给我的孙儿小石头讲讲这本书，让他有一颗爱国之心、君子之心、温文尔雅之心、爱老怜贫之心。就算是爷爷送给他上学的礼物，是爷爷给他留下的宝贵财产。

写到这里，窗外雷声滚滚。“晴耕雨读”，又是一个读书的好时候。

王大伟

2020 年 5 月于养云山馆

目录

第一篇：君子品德（闲锄明月种梅花）

第二篇：说话处世（一缕烟茶透碧沙）

第三篇：养生读书（枇杷花底校书人）

第四篇：人性品位（鹤在云霄凤在梧）

第一篇

君子品德

闲锄明月种梅花

◎ 十条改变命运的小尝试

焦虑症和抑郁症，是两把悬在现代人头上的利剑。它摧残了多少有才华、热爱生活的人们。

心理疾患有一个很大的特点，就是对欢乐的淡忘和对死亡的默认。

今天看古书有这么两句话，把它记在了笔记本上：

“甑甑子每教人养喜神，止菴子每教人去杀机。是二言，吾之师也。”

◆ 养喜神

如果一个人心里有喜神，那他的嘴边永远带着微笑的。他会与任何一个人，不管是认识还是不认识的打招呼。他会帮助邻居老奶奶去推代步车，会给放学的小朋友买一根冰棍儿……

◆ 小蝈蝈的故事

有一天我给小孙子买了一个蝈蝈笼子，里边有一只可爱的小蝈蝈。当我把这个礼物交到小孙子手里时，他的眼睛里充满了光明。然后他穿上鞋对我说：“爷爷，你跟我走。”

于是我就跟着他，穿过了菜场，穿过了那个又窄又长的小胡同，过了马路，来到了街心公园。小孙子把蝈蝈笼子放在一片树叶下，然后打开笼子，对蝈蝈说：“回家找你妈妈去吧！”

后来我每次路过那个街心公园，都会听到那句震撼心灵的话——“回家找你妈妈去吧！”

这就是“养喜神，去杀机。”

◆ 羞羞答答的蒲公英

疫情好转，终于可以到家门口的一片小树林里去跑步了。走进这片小树林时，有一个狭窄的长满小草的通道，我每天就在这儿跑步，然后做气功站桩。

这狭长的通道只有二尺多宽，地上长满了杂草。在它的中间长了一株美丽的蒲公英，开出三朵白色的小花。其实是没有人注意它的。我每次跑到这儿，都放慢脚步绕开它。以至于我在这儿锻炼了将近一个月，那蒲公英还在那里羞羞答答地开放着，没有受一点儿损。如果小风刮过来，它会向你微笑着点点头。

这就是“养喜神，去杀机。”

◆ 十条改变你命运的小尝试

年轻的朋友们，每个人的心中都有喜神，我们都可以去掉杀机而保护生命。

一、别去踩开花的小草。

二、领着孩子去放生。

三、见到每个人都笑一笑。

四、关门的时候，一定给后面的人顺手留一会儿门。

五、丢掉一个怨恨别人的心态。

六、和门口的哨兵问一声“早上好”。

七、主动和你的“仇人”打个招呼。

八、相信明天一定有好运气。

九、和楼下的小朋友们玩一会儿。

十、多花点时间研究做饭，并且下决心去买一件好衣服。

如果你每天都这样去做事情、想问题。那你就是“喜神高照”。大家都会主动和你交朋友，你也就会有意想不到的好运接踵而来。

真的。请相信老王头！

◎ 天平上，善良的心放在哪？

善良的心永远应该有它神圣的位置。

◆ 张知常定律

今天早晨七点读古书，看到一个“张知常丢金子”的故事。古书中是这样记载的：

张知常在上庠日，家以金十两附致于公。同舍生因公之出，发箧而取之。学官集同舍检索，因得其金。公不认，曰：“非吾金也。”同舍生至夜袖以还公，公知其贫，以半遗之。前辈谓公遗人以金，人所能也；仓卒得金不认，人所不能也。

王大伟翻译：

张知常在学校上学的时候，有金子十两，藏在自己的小箱子里。有一天，一个同学趁张先生不在，撬开箱子把金子拿走了。丢金子的事情发生之后，学官把同学们都集合起来搜查，找到了这些金子，让张先生辨认的时候，他说：“这不是我的金子。”

到了晚上，那个拿金子的同学悄悄找到张先生，从袖口里拿出十两金子还给他。张先生知道这个同学经济状况不好，就送给了他一半儿。前辈们听到这件事后感叹道：“送给别人金子，这一般人也许能做出来，但是找到了金子却不承认，确实是一般人做不出来的。”

◆ 怎么看待张知常定律?

我认为，张先生的做法是值得认真讨论和思考的。

首先，张先生挽救了同学的“前途与人生”。法律，是社会的基石。按道理来说，张先生应该把那个贫困的同学送进官衙，然后判刑入狱。这样这个同学的一生就毁了。因为他们上的是官学。每个人将来都可能通过考试有一个美好的前程。

其次，张先生唤醒了“同学的心灵”。到了夜晚，同学把金子藏在袖子里偷偷地还给了张先生，说明这个同学认识到了自己的问题。

最后，张先生有一颗“同情贫困者的心”。他们在学校读书，年龄都不大。可能就是现在的中小学生。孩子年龄小，犯错误还有改正的机会。也许他平时就知道这个孩子家里贫穷，缺吃少穿，所以“得饶人处且饶人”。对刑事犯罪要坚决斗争，但对青少年的错误，也需要有一份教育挽救之心。

最后的结局我并不知道，但是很有可能，因为张先生的这一个举动，保全了同学的一生，唤醒了同学的良知。也许这个同学将来考上科举、做了官，他的一生也会从此走上廉洁奉公的道路。不过这些都不得而知了。

你怎么看呢?

◆ 一把小刀的故事

小时候没怎么上过学，在工厂里学工。我一直梦想着能有一把和同学们一样的小刀，恰恰工厂里有钢片还有砂轮。于是，我趁着师傅们中午去吃饭，就找了一小块钢片，在砂轮上偷偷地打磨起来。当然，师傅反复说过这样做是不允许的。

吃完饭大家都去午睡了，我就把车间的门关上，在里面偷偷地打磨这把小刀。一回头，看见师傅站在门口。

我吓得心都跳到嗓子眼儿了，估计要被臭骂一顿，还要挨处分……

没想到，师傅迟疑了一下掉头走了。这件事过去了将近五十年，我今天仍在感激那位师傅。而从那以后，我一直是个好孩子。

◆ 为他人忧愁

这是中国古人的一种美德和高贵："为月忧云，为书忧蠹，为花忧风雨，为才子佳人忧命薄，真是菩萨心肠。"

这是古书中的一句话，选自《幽梦影》。让我们用这句话，作为今天读书的结尾吧！

年轻的朋友们，你有什么想法呢？你该怎么做呢？

或問寡怨有道乎曰君子不辱人以不堪不愧人以不知不傲人以不如不疑人以不肖故曰君子不欲多上人

道光庚寅最樂編原書

◎ 当朋友生病有求于你时，你该怎么办？

有一次到国外考察警察教育，在飞机上被空调吹病了，下了飞机就发烧。访问的行程是十天，结果我烧了七天。幸亏同行的一位姓王的领导，一直守候在我身旁。晚上我也睡不着觉，人家就一宿一宿地陪着我，送水送药。至今想起来，也不知道怎么报答人家。

有病求人和表达谢意，一共有九件事要做。请告诉孩子。

古代有个官员叫吴司空，字廷举。

“吴司空廷举，平生笃友谊，见良士身下之。在太学兄事罗玘。玘病痢，会仆死，公为煮粥。负之如厕，一昼夜十数返。玘病瘥，同登进士，语人曰：玘四十前生我者父母，四十后献臣生我也。”

王大伟翻译：

吴廷举一生最重友谊，见到有才能的人一定恭谦礼让。上学期间有个同学姓罗，一次罗同学得了痢疾，吴先生就负责给他煮稀饭，背着他一天跑几十次茅房。后来两个人都中了进士。姓罗的同学说，四十年前是我父母生了我，四十年后是廷举让我重生。

每个人都有极其困苦的一天，都有生不如死的时刻，在这个时候你会感到弱小而无助，你会向朋友去求助……

相反，如果朋友赶上了生老病死的危急时刻，向你求救，你又该怎么办呢？

◆ 对待朋友的求助

一、有求必应，风雨无阻。如果半夜十点，朋友病了，向你求救，五分钟之内要答复。你应迅速到达现场，组织救治，或送他（她）去医院。

任何推诿借口都是错误的。

二、一小时之内答复。如果朋友想让你帮着找个医院看病。这时候他一定是得重病了，一定要去落实。能否找到医生，要在一小时之内给出明确答案。能做到的一定尽力。

拖延到明天的答复，是错误的。

三、全程陪同身边。即使没有医生方面的资源，朋友看病也一定要陪同。这个陪同包括帮助挂号，帮助取药，上楼下楼，乘坐电梯，都要上心。

四、诚心守候。遇到做核磁检查、CT 检查、大量反复的抽血检查时，一定要守候在机房的外面，检查完毕之后，要帮助询问检查结果，打印胶片，以及最后的结论报告。

不能在医院里找个地方坐着等，或是玩手机。这是错误的。

五、关心饮食。现在很多检查都要求空腹才能做，做完检查之后，带朋友去吃点饭，或是给朋友带上面包和牛奶。

对朋友的衣食住行有稍微的不细致都是错误的。

六、心理安慰。面对病人说每一句话都要思索考虑，给病人以力量和希望。任何漫不经心的一句话，都可能给予负能量的暗示。

说话一定要谨慎。

◆ 记着报答帮助过你的人

仍然以到医院治病求医为例。

一、马上致谢。看完病以后，一小时之内要马上致谢。距离远的要发短信致谢。

二、赠送小礼物。礼物不在多，不求奢华贵重，表达你真心的感激即可。

三、异姓兄弟。谁帮助了你，谁就是你终身的朋友。“平生不结无义友，一心只报有恩人。”“滴水之恩涌泉相报。”在别人需要你帮助的时候，加倍奉还。而且在自己的心中，他就是你的异姓兄弟。

人生在世生病是常有的事儿。我曾经写过一首童谣：

妈妈怎么也生病？
宝宝搬个小板凳。
妈妈妈妈你吃啥？
宝宝给你端杯茶。

要从小教孩子有爱心、懂礼貌。

现在的小朋友，知道这些事儿的少了。年轻的爸爸妈妈要跟孩子们讲一讲。

又啰嗦了半天，多谢多谢。

◎ 古代君子的三个特征，可以化险为夷

年轻的时候曾经在欧洲读书，通过比较我发现，中国人，特别是古代君子，有很多超越欧洲贵族的高贵品质。贵族和君子是两个概念。中国古代的君子，更加平民化、知识化、典雅化、理想化……

我曾经写过一本书叫《中国人的十二种高贵》。试图找到中国古代君子的性格特征。

今天看古书，看到古代君子的三个特征。

苏黄门曰："衣冠佩玉，可以化强暴。深居简出，可以却猛兽。定心寡欲，可以服鬼神。"

◆ 衣冠佩玉，可以化强暴

意思是说君子在身上佩戴一块玉，可以预防灾难。

古代君子在衣服上是要佩戴玉器饰品的。"君子无故，玉不离身。"

君子走路的时候长袖宽衣，佩玉敲击摩擦，发出悦耳的声音。所以有"意谈宜松鹤，诗清叩佩环"的说法。意思是说："具备淡泊敬诚的理念，才能更好地去欣赏松树的挺拔和仙鹤的悠闲。所吟诵的诗词高雅清洁，伴

随着君子身上佩玉的节奏，时隐时现。”

如今的女孩子佩戴玉石制品的比较多，如玉石的平安扣或手镯。其实男孩子也可以戴一块玉。不仅装点了君子的气息，也有避免凶险、化险为夷的喻义。

◆ 深居简出，可以却猛兽

深居简出是君子的性格特征。古代的读书人，更喜欢隐居的生活。即使是在朝廷为官，也要适当地减少应酬，宁静安心地读书。不要把心思用在饭局，迎来送往上。这里所说的猛兽，不是指狮子老虎，而更多的是指，外界的虚邪贼风，以及社会的各种不良风气。

◆ 定心寡欲，可以服鬼神

不管是做个知识分子在学校里教书，还是做个公务员在行政机关工作，定心寡欲都是很重要的。不要渴求得太高，不要想提拔得太快。平心静气地做好自己的本职工作是最重要的。

这里说的鬼神，更多的是指精神上的障碍，如抑郁症、焦虑症、神经官能症等。我认识一个朋友，别人提了司局长，自己没被提拔上很难受，时间长了不仅失眠还得了抑郁症。

◆ 总结

第一，买一块玉，佩戴在身上，时刻提醒自己君子的品格，“白玉无瑕”“宁为玉碎，不为瓦全”。

第二，如果参加工作了，不要把全部心思放在应酬上，应该做好自己的本职工作。过多的应酬有时候反而会带来灾祸。

第三，对生活和工作要减少欲望，更不要这山望着那山高。立足本职把平凡的工作做好，这样才会心平气和，所有的焦虑和忧郁都会随风而散。吃得饱睡得好，人自然就会健康，工作自然就会顺利，人际关系自然就会和谐。

这三句话，算是我给刚参加工作的青年朋友们的嘱托和祝福。

◎ 四种好习惯，终身得便宜

凡是好习惯，都可以受益终生。

但是，凡是好习惯，养成都特别难。“从善如登，从恶如崩。”

今天看古书，有这么一句得意的话，把它记下来。“若有所思，若有已得。”

“戒酒后语，忌食时嗔。忍难忍事，恕不明人。长能持此，最多便宜。”

王大伟翻译：

“戒除酒后说话的习惯，千万不要在吃饭的时候生气。要忍别人忍不了的事情，要宽恕不明真相的人说的话、办的事。如果能够经常保持这四个好习惯，你能得到很多便宜。”

◆ 第一个习惯：“戒酒后语”

“酒中不语真君子，财上分明大丈夫。”喝酒之后，嘴上没有把门儿的，大脑失控了，说出来的话就可能不负责任，甚至伤了别人的心。

◆ 第二个习惯："忌食时嗔"

吃饭的时候别生气。别训斥孩子，别跟老婆吵架，这样伤胃。有人说胃是人的第二个大脑，最容易受情绪的波动。

我有一个体会：生了大气之后，三五天之内就会犯严重的胃病。这时候你去做胃镜，就一定有溃疡。

有人做过这样的实验：在一只猴子旁边拴一只狼。三个小时以后解剖猴子，发现胃里全是出血点。

胃不好的人，千万别生气。为了自己的健康也要躲开是是非非。

注意：不光是吃饭的时候别生气。晚上睡觉前也不能生气，要不然容易失眠。

◆ 第三个习惯："忍难忍事"

什么叫英雄好汉？能忍别人忍不了的事情就是大英雄。现在很多年轻人，主张"即时反击""得理不饶人"这些都是不对的。

你看现在马路上的"路怒症"，为了一点小的剐蹭大打出手，或重伤或死亡。这是英雄吗？

如果你看到单位有这样的人，领导和同事怎么发火，怎么批评，甚至辱骂他，他都不动声色，不反击，不生气，跟没事儿人一样。那他就是个潜在的英雄，那就是"胸有城府"。

◆ 第四个习惯："恕不明人"

有的时候你听见别人议论你一些话，气的肚子都要炸了。实际上很多人是不知道情况跟着附和的。所以，对于不了解的人，他们说的错话、办的错事，都可以原谅。这样你就是个心胸宽广的人，“男子汉的胸怀要像草原一样宽广”，这才是英雄。

有一次我在青海出差，逛古玩店时看到一个打火镰，就是古代男人佩戴的打火机，是用白铜做的，上面有一句话：“平生不结无义友，一心只报有恩人。”

对于不明事理的人，在背后说了我们的坏话，可以宽恕，但是对他要有提防。而对于我们有恩的人，一辈子都不能忘，得着机会就要报恩。“知恩图报，义结金兰”，这是秦琼秦叔宝的名言，也是我们山东人的性格特征。

忠诚是人最闪光的性格特征。不论是信仰的树立，交朋友还是单位选拔干部，这都是放在第一位的。“最崇高的爱是爱祖国。”我们教育孩子，最重要的一点，就是要让他学会忠诚。

感恩是好孩子的重要标志。怀有感恩之心的人，必定是内心极为善良的人。即使有的人情商不高，不会办事，只要他会感恩，那就是可交的朋友。

这四个好习惯，一般人都不重视。如今也无人提起。今天我跟大家说说，无非是给年轻的朋友们提个醒。其实我做得也不好，所以大家共勉。

板存京都正陽門外楊梅竹斜
街中間路北光華齋刻字鋪穆
姓刷印每部紋銀壹錢捌分

道光庚寅、最樂編原書

◎ 为什么教育孩子要宁拙毋巧

今天是 5 月 4 日，现在是清晨五点，从今天起我就年满六十四岁了。我现在越来越觉得自己老了，在教育孩子上，我的观点就是："宁拙勿巧，宁朴勿华，宁方勿圆。"

今天早晨读古书，有这样一段话：

"学者必先明义理之界，谨诚伪之关。无为枉尺直寻之事，勿作捷径苟得之谋。"

"宁拙毋巧，宁朴毋华，宁方毋圆。"

王大伟翻译：

"绝不做乘一时之快，而获得成功的事。绝不要寻找捷径，投机钻营而获得的名利。宁可笨拙一点，也不可以投机取巧。宁可朴实一点，也不可以奢华。宁可有原则地坚守底线，也不可以无原则地油头滑脑。"

回顾我这六十四年的经历，非常同意这一段话，总结下来，人生就是一个"拙"字。具体有这么几个法则：

◆ "杀鸡用牛刀"法则

"无冥冥之志者，无昭昭之明。"做任何事情，都要本着用笨办法，不走捷径的原则。集中优势兵力打歼灭战。

三十五年前，我自愿从公安部调到公安大学任教。一天老师也没有当过，怎么教学生呢？别人告诉我，当老师要积攒课时，没有课时你怎么评职称呢？

我想还是从头做起吧，就把评职称的事儿放下了。我先参加了国家“七五”项目“中国现阶段犯罪问题研究”，这一个项目我干了七年。用了五年时间，把各类案件输入计算机，用了两年时间分析数据得出结论。这七年时间，我总结了很多实证的犯罪学“公式”。

比如“犯罪月历”：平平安安三月三，四月五月往上蹿。夏天多发强奸案，冬季侵财到峰巅；

又如“犯罪地图”：犯罪能量守恒定律……

我用了七年时间，完成了做老师最基本的科研工作准备。1999 年我在联合国欧洲与北美预防犯罪和罪犯待遇研究所（设在芬兰赫尔辛基市）学习期间才知道，我们这项研究成果，领先欧美犯罪学研究至少十年以上。

虽然我用了人生最宝贵的七年去做科研，耽误了课时的积累，但是我并没有耽误评教授。这就是人生舍与取的原则。

◆“磁带断七次”法则

我的英语是自学的。20 世纪 80 年代，我参加了国家的出国留学选拔考试，又参加了英国使馆举行的雅思考试，都顺利通过了。这里面有什么秘诀吗？那就是“磁带断七次”法则。

我买了一盘《新概念英语第二册》的英语磁带，又买了一个最便宜的录音机，当时叫“板砖”。每天回到宿舍，就把录音机打开，洗衣服做饭，把英语课文当背景音乐听。时间久了，磁带断了，再用胶纸贴上。当接到第七次时，我突然发现，不用再接了。因为磁带里的小故事，我都会背了。这个过程大概有五年。就凭着《新概念英语第二册》，我雅思考了 7 分。

每当我看到《新概念英语第二册》时，心里就有强大的感触。我曾经说过一句话："英语是个无底的杯子，承受了中国人多少辛酸的泪水。"

◆ "一生一事"法则

人的一生只能干一件事情，"一年一事者亡，一生一事者昌"。当了将近四十年老师，只想着一件事情，那就是把一个最基层的老师的工作做好，不能误人子弟。

在潘家园，我买过一本光绪年的《豆腐账本》。翻开账本，第一页写着："大年初三，做豆腐二乍。"第二页写着："大年初四，做豆腐二乍。"这句话一直写到年底。我把这个账本，装在一个木盒子里，作为鼓励鞭策我的法宝。

闭上眼睛仿佛可以看到这个账本的主人，一个老实巴交的庄户人。每天晚上，泡豆子，洗豆子，磨豆子。第二天早晨把做的豆腐拿到街上去卖。孩子们高兴地围着豆腐车跑来跑去。每天只做两乍豆腐。这样无忧无虑，无怨无悔，平静地度过了平凡而简单的一生。这就是人生的哲学。

年轻的朋友们，要做人生的"傻子"，事业的"阿甘"。做一只"子规夜半犹啼血，不信东风唤不回"的小鸟。这是我六十四岁的心得。

祝福。

◎ 万能“相反公式”

人生总会经历磨难，别说是年轻人了，就是中老年人，饱经风雨遇到事态的变化，也会束手无策，忙手忙脚。那么有没有应对的根本大法呢？这就是古书里所说的五种境遇中的“相反公式”。

“耿天台先生曰：纷扰中常有宁静之意。进步中常有退让之意。浓酽[1]中常有简单之意。拂逆中常有快乐之意。顺势中常有警惕之意。此非知道者不能也。”

第一，事情纷繁复杂，焦头烂额时，要有一份宁静的心态。心里宁静了才能理出头绪。这个时候切勿忙乱，一忙乱就更容易出错。过去在讲预防犯罪的时候，我编过这么一个平安童谣：

落到水中不挣扎，
到底自然往上爬。
平心静气想办法，
慎防好人贴心话。

第二，一天天进步的时候，要有退让的意思，便宜

1 浓酽：汁液浓稠。

不能自己一人占尽。所谓“进三步退两步”，就有这方面的含义。

西点军校的教程中有这样一句话：“如果你顺利地越过了两道封锁线，那么第三道封锁线一定是陷阱！”

第三，千头万绪，矛盾错综复杂的时候，一定要找出简单的应对方法。过去满族人兴盛于白山黑水，明朝五路大军去讨伐满族人。这个时候努尔哈赤反而睡着了，大家就问:“你为什么还能大睡呢？”努尔哈赤回答:“任你几路来，我只一路杀去。”

第四，人处逆境之中，一定要有快乐的思想。“穷且益坚，不坠青云之志。”

我高中毕业的时候，当时盛行参军。那时的青年人穿上国防绿，戴上红领章红帽徽，是无比的骄傲。可是因为身体原因我参不了军，觉得前途一片昏暗。这个时候只能关在家里读书。没想到 1977 年恢复了高考，我是大院里第一批考上大学的孩子。

第五，人处顺境之时，“春风得意马蹄疾”，就要提高警惕防止意外事件发生。好多年以前，有个同学，很年轻就当上了单位的二把手。我正想祝贺他，没想到他却辞职不干了。原来年轻气盛，当上单位的二把手，很多人都不服气，再加上这个时候脑子有点晕乎乎的，和上级领导的关系也没处理好，收拾不了烂摊子，只好自己辞职。如果这个时候他不动声色，谨言慎行，可能就是另外一个局面了。我当时心里很难受也很后悔没有及时提醒他几句。

这个“相反公式”是总的理论。在实践中还要不断地摸索积累经验。总之一句话，一定要把工作做好，趁年轻的时候多做贡献！

谢谢大家。

生子質敏才俊可憂勿喜便思豫加防簡陶習謙晦沉厚性情禁絕浮誇傲誕者與之游處庶可成遠大之器

道光庚寅最樂編原書

◎ 君子始于，站立坐卧

所谓君子，站有站相，坐有坐相。举止无不矜持。

小时候最佩服周恩来总理，我觉得应该把周总理接见外宾的影像做成教学片，让孩子们观摩学习。

在公安大学教了一辈子书，为我们的学生感到骄傲。不知道你见没见过公安大学的学生宿舍？地上一尘不染，室内干净整洁，被子叠得整整齐齐。有了这样的好孩子，当爹妈的不高兴才怪！

今天看古书，有这么一段话：

“薛文清公，余于坐立方向，器用安顿之类。稍有不正，既不乐，必正而后已。非作意为之，亦其性然。”

王大伟翻译：

“古代有个人叫薛文清。无论是站着坐着的方向，还是器物的安顿，都必须有规矩。稍微有一点摆得不正，薛先生就不高兴。必须亲自把它摆正了之后才放心。这并不是做做样子而已，而是薛先生的真实本色。”

薛文清的为人处世，我是很佩服的。

◆ 严格的家教

修身齐家，治国平天下，这是中国人修养的重要组成部分。严格的家教，是孩子成才的基石。

有一次我去中央电视台录节目，一个著名的女主持人问我："王老师您爸爸对您的要求一定非常严格吧？"我说您怎么知道？我爸爸是军人，是拿我当士兵训练的。那个女主持人说："您往那儿一坐，正襟危坐，从来没有东倒西歪的。"

老父亲九十二岁，他要是进了客厅，我马上就得站起来，不敢在老父亲面前坐着。

你再看看现在的孩子，爷爷爸爸都在场，站没站相，坐没坐相。

◆ 家具的摆放

家具的摆放体现了主人的情怀，文化修养。家具越少越好。日本人是贫穷美，欧美人是炫耀美。我是偏向于东方的"贫穷美"，就是家具越少越好。你看日本茶道的布置，里边几乎就没有家具，墙上只有单一的条幅："月清千古秋。"特别简洁，干净素雅。

◆ 搬运三十件东西

早晨醒来要收拾一遍家里，晚上睡觉之前要把家里收拾一遍。

我有一个小规定："搬运三十件东西。"就是把屋子收拾干净了再睡觉。眼睛所能看到的地方，都让它整洁。比如把衣服袜子放到洗衣机里洗，把桌上的药瓶放到抽屉里，桌子上最好不要有东西，一平如镜。这样搬运三十件东西，基本就整齐了。

◆ “美女”房客

现在无论是男孩子还是女孩子，在外面时都打扮得光鲜亮丽，可是到宿舍一看，往往是一地鸡毛、杯盘狼藉。网上曝出一个女房客，进了出租房两年就没倒过垃圾，结果屋子成了垃圾房。有的男孩子明明有厕所，非得在床上小便，时间长了床底下攒着几十瓶尿罐。脏衣服堆满了半间房子。这样的孩子绝不止一两个。

“一屋不扫，何以扫天下？”“站如松，坐如钟，行如风，卧如弓。”这都是我们上小学时受过的基本训练。现在的孩子在这方面真的有点欠缺了。不过孺子可教，从来都不晚：

一、坐有坐相，站有站相。

二、上小学之前要自己洗袜子，洗裤衩背心儿。

三、让孩子自己收拾家，告诉他简洁美的道理。

四、三岁以后就必须上厕所大小便。绝不能在卧室客厅之中。

五、上小学就要开始自己洗碗，擦桌子扫地。

培养一个好孩子，就要从这些小事入手。不以规矩，不成方圆。

◎ 一字不识，而多诗意

早晨七点读古书。看到这样的句子：

“人有一字不识，而多诗意；人一偈[1]不参，而多禅意；一勺不濡，而多酒意；一石不晓，而多画意。谈宕故也。”

王大伟翻译：

有的人大字不识一个，却充满了诗意。有的人对佛教的偈语，一句也没参透，但多有禅意。有的人滴酒不沾，却充满了酒意。有的人根本不知道太湖石是什么，内心却充满了画意……这都是内心充满了情趣的结果。

这就是所说的先天的感悟与内心的情趣。

◆ 三岁孩子充满了诗情画意

去幼儿园接孙子放学。三岁的孩子高高兴兴地往家走。一边走一边说：“我好喜欢这个世界，我特别适应这个世界。”见到老头要喊一声：“爷爷您好”！见到小狗要喊一声：“小狗你真乖！”

路过花店，一定要给妈妈买一束玫瑰花。等到家的

1 佛经中的唱词。

时候，玫瑰花已经没有了，只剩下一个“光杆司令”。这或许就是“一字不识，而多诗意”。

◆ 杀鸡咒

农村的老太太，并不会念佛经。但杀鸡的时候一定要念个咒语：“鸡儿鸡，你别怪，你是阳间一道菜。早早脱生去吧。”这或许就是：“一偈不叅，而多禅意。”

◆ 激情燃烧

老王家上溯到大清道光年间，五辈人都不喝酒。但我们祖孙三代，充满了激情。爷爷参加了北京十大建筑的施工。父亲参与开创了我国核武器研制的伟大事业。我留学回国，积极投身到我国引进西方警察科学和犯罪学的伟大事业之中。这是不是就如同书里说的：“一勺不濡，而多酒意。”

◆ 兼工带写

我是一名老师，从来也没学过画画。去年画了 300 幅手绘信笺。今年上半年在疫情期间又画了 210 幅手绘信笺。不会画不要紧，首先是把《芥子园画谱》临摹得滚瓜烂熟。其次是“师法造化”。每天都到河边走一走，看见一株可怜的蒲公英，看见一束弱弱的苦菜花。回家都把它画在纸上。就这样，前后积攒了 500 多幅手绘信笺。胆战心惊地交到出版社，人家美编也没说什么，给你一个宽容的微笑。这就是《平安日历》插图的诞生。这难道就是："一石不识，而多画意？"

浪花有意千重雪，
桃李无言一队春。
一壶酒，一竿纶。
世上如侬有几人？

一个老渔翁，既不识字，也不参禅。而从他身上所折射的佛教原理、诗情画意，却永远留在人间……

◎ 古人把握命运的四个秘诀

下午最舒服，因为阳光照满了整个卧室。

这两天，全国确诊的人数已经下降到了个位数，心情也跟着好了起来。伟大的中国人民必胜！夕阳从窗户射到屋里，落在毯子上、地上、桌子上。有阳光，就有好心情。

躺在床上看书，发现了一个《预测命运的四个秘诀》。人越老越觉得好像真有命运的操纵，有时候要靠自己的努力，可有时候却有点儿不可抗争。那么，真的有命运自身的规律吗？

◆ 真实的故事："官气就是谦卑之气"

大家都说某某人走路说话办事带着"官气"。那么，什么是"做官之气"呢？

有一次我到外地给一个中学讲课，走的时候，校长和办公室的一个小个子男同志一块儿送我去机场。汽车上我对校长说："这个小个子的男同志将来可能要做官。"校长一听大惊："你怎么知道？他刚刚提了副校长。"我说："这位先生，面带谦卑之气。"

比如说你一坐下，他就帮你把凳子扶一扶。你在讲课前，不仅给你倒茶水，还帮你准备了矿泉水。他做任何事情都在为别人着想。这就叫"谦卑之气"。

所以我说："所谓的命运，就是为人处事所要遵循的一些小规则。"

◆ 古书中的智慧

今天看古书时看到了这么几句话：

"天多喜志士，福不降淫人。我辈人应知自勉励。"

"长孺问：先生须得邵尧夫先知之术？先生久之曰：吾之所知者，惠迪吉，从逆凶。满招损，谦受益。若是明日晴，后日雨，吾又安能知耶？"

王大伟翻译：

老天爷多眷顾有志气的人，而福气是不降落在放纵的人身上的。所以我们要以这个原则作为自己的警示。

有人问朱子：真想得到邵尧夫先生对命运的先知先觉的技术（邵尧夫先生是宋代的一个预言家，曾写过十首梅花诗，每一首诗应验一个朝代）。朱子回答："想得到并不难。"这里边有把握命运的四要诀：

第一，惠。惠风和畅。凡是为人和气，做事恭顺的人，都会吉祥。

第二，从。谈吐之间总是顺从别人的，一般不会遇到灾难。

第三，满。自满骄傲的人，一定会受到排挤。

第四，谦。谦虚谨慎的人，一定会受益匪浅。

至于说能够预报明天是晴天还是下雨的技术，那我就不知道了。

这就是古人所说的命运。

所以，我们在家庭生活中，在工作中，可以把握自己的命运：

首先，要注意与人为善，“但行好事，莫问前程”。这里面所说的“惠”，可以解释为恩惠、帮助、做好事。千万别没事儿找事儿，心存坏心。就是自己心情不好，也要微笑一下。这就叫“惠风和畅”。

其次，要注意团结同志，“与人方便，与己方便”。这里所说的“从”，有顺从、行方便的意思。设身处地地为别人想，帮别人解决困难。千万别跟别人拧着劲儿，说点顺从的话，办点让人舒心的事儿。

又次，要注意谦虚谨慎。满招损，谦受益。

最后，要注意戒骄戒躁。做老实人说老实话，办老实事。

当然了，也要有原则，不能一味忍让，对坏人坏事要坚决斗争，不能为了讨好别人而做老好人。

这些老祖宗留下来的嘱咐，都是很有道理的。

我不知道你见过公安大学的那些学生吗？我一直说他们是北京高校里最帅的学生之一。不仅长得帅，说话办事都很讲礼貌，情商也很高，组织纪律性非常强，用人单位谁不想要这么好的孩子。

人一旦上了年纪就特别喜欢孩子，我经常从幼儿园门口走，就站在那儿看孩子，心里就纳闷：“现在的孩子怎么都长得那么漂亮？”

其实，一个孩子将来有没有出息，看上一两眼就能得知。一个好孩子并不是长得漂亮就够了。你看他热爱祖国，遵守纪律，孝顺父母，团结同学，热爱读书，重活脏活都抢在前面，这样的孩子一定有一个玫瑰色的前程。

◎ 安详是处世的第一法则

刚才看古书，看到一个“天下第一法则”。原文如下：

“安详是处事第一法，谦退是保身第一法，涵容是处人第一法，洒脱是养心第一法。”

◆ 怎么面对复杂的事情？

安详是处事第一法则。要诀是：“天塌下来有高个儿顶着，没事儿，别急！”

在讲解儿童意外伤害时，我给妈妈们提个建议：“先放下稀饭，再拉孩子。”意思是说，妈妈手里端着一碗稀饭，另一只手牵着孩子，孩子突然摔倒了，如果妈妈急着去扶孩子，很可能这碗热稀饭会扣在孩子头上。所以先把稀饭放下来，再去拉起孩子。遇到任何事情都可以静一静、想一想，别急着去处理。

我们当警察的，遇到事情强调快速反应。快速到达现场是应该的，但是处理群众的矛盾和纠纷，不能着急，要“随风潜入夜，润物细无声。”

◆ 怎么才能保护自己不惹是非，全身而退？

谦退是保身第一法则。这个时候的要诀是：“我不行，我放弃了。”

小时候，我在班上的成绩总是前几名。有人就会说：“王大伟你学习真棒！”可是我不会回答，就问妈妈：“如果我真的学习很棒，怎么回答呢？”妈妈就说：“什么话也别说，一笑了之。”

千万别吹牛，千万别得便宜卖乖。得了好处，下次千万别得，让别人得好处。遇到名誉、利益等这些好处你不能老得，能让的就让。

“木秀于林，风必摧之。”“退一步海阔天空，忍一时风平浪静。”

◆ 怎么才能更好地与人交往？

有涵养、能容忍是处人第一法则。这个时候的要诀是：“没关系，无所谓。”

“礼义廉耻”，是一把尺子，或者说是一面镜子。用这四个字测量自己，这叫修身养性，这是君子。但是千万别拿这面镜子去照别人。如果你这样做就会没有朋友。对于朋友的缺点和错事，不必认真。

对自己的要求要严，对别人的缺点要宽容。

◆ 怎么才能更好地让自己修身养性，平心静气？

洒脱是第一法则。这时候的要诀是：“忍得住，放得下。”

遇到要发火的事情，退一步，回家睡觉。我在讲预防诈骗的时候有个小歌谣：“不决断，晚交钱。睡一觉，过一天。再找亲人谈一谈。”这样就不会被侵害，这样的人就叫胸有城府。

“清官难断家务事。”“不痴不聋，不做家翁。”跟老婆孩子相处，千万别生气。忍得住，放得下才是硬道理。有个教授跟儿子吵架，气得要命，为一点儿小事儿中风了。你说值得吗？

◎ 君子对青天而惧，闻雷霆而不惊

我一直在想，这次疫情过去之后，我们每个人都应该反思过去，吸取教训。傲视群雄，重塑自信。不能白白地困在家里这么多天，好了伤疤又忘了疼。

这些天在家里看古书，觉得心灵有所净化。若有所思，若有所得，就随笔写了一些小文章。也不知道有没有用。

我把这些小文章发给一个朋友，问他："你觉得有用吗？"朋友给我回信说："过去，疫情没有来的时候我们觉得无所谓，可是猛地一来，很多人内心里都感到害怕。不是个别的人恐惧，而是部分人都感到恐惧。"这是为什么？是不是我们缺少精神层面的东西？今天看的书，有这么一句话发人深省：

"君子对青天而惧，闻雷霆而不惊。履平地而恐，涉风波而不疑。"

王大伟翻译：

"正人君子仰望天空，虽然平常但内心充满了敬畏。突然听到雷霆的轰鸣，却并不能使他感到吃惊。正人君子走在旷野大地上，会感到一丝丝恐惧，但是面对大风大浪，却充满了自信。”

仰望星空，是再平常不过的事情，可是有谁想到这种宁静与和平，也不是每天都有的。在宁静的时候要居安思危，心里应该有所警惕。

但是，突然天空中电闪雷鸣，灾难降临的时候，反而应该坦然处之不必惊慌。这就是老百姓说的：“平时不惹事，遇事不怕事。”

正人君子走在旷野中，他要仔细察觉每一个危险的信号，但是当船行驶在大海中的时候，波浪滔天，反而应当无所畏惧充满自信。这就是古人所说的君子的性格和襟怀！

这次疫情，对国家来说，叫多难兴邦，对个人而言，叫淬火历练。我们已经向全世界展示了我们民族的伟大团结和力量。历史将证明，中华民族是不可战胜的！

而我希望，每一个男孩，每一个小姑娘，甚至说中年的男子，老年的大叔，都要反思一下，感悟一下，总结一下，坚强一点。

大抵朋友之交以相下爲益或論未合、要在從容涵育、相感以誠不得動氣求勝長傲遂非務在默而成之不言而信、其或矜己之長、攻人之短、麄心浮氣、矯以沽名、訐以爲直、挾勝心而憤嫉、圮族敗羣爲志、則雖日講時習、亦無益矣、

道光庚寅最樂編原書

◎ 五种智慧，教给孩子

闷在家里看书，今天看的是这一段：

“辩合于纳，巧隐于拙。刚蓄于巽，直蕴于谦。明养于晦。五者藏用之道也。”

王大伟翻译：

辩论，表现为木讷闭口。技巧，隐藏于笨拙之中。刚毅，貌似为恭敬顺从。耿直，融化与谦和之中。智谋，隐蔽和退让养成。

上面说的这五个要素，就是深藏不露，切实可行的道理。

第一，水深流去慢，贵人话语迟。不该说话的时候就别说。很多人强词夺理，得理不饶人。自以为得计，最后吃亏的还是自己。教育孩子也是这样，很多孩子油嘴滑舌，其实不如少说话。“刚毅木讷，近仁”说的就是性格刚毅少说话，就能达到古人的最高境界——“仁”的标准。

在日常生活中，我带的那些研究生，给他指出一点不足，有的人虚心接受，点头称是；有的人非得和你争个长短，滔滔不绝，列举他占据道理的理由。这种孩子实际上是不成熟的。

第二，大智若愚。您知道吗？在英文里“clever”这个词，不是个好词儿。谁要说一个人聪明，就是在贬低他，真正的意思就是：“要小聪明。”人与人相处，以诚相待，不用绕机关，使用小计谋。这样，反而容易弄巧成拙。

第三，摔倒一百次，爬起一百次。我曾经跟我带的女研究生说：“选男孩做朋友，第一不用太考虑他们家有没有钱，第二不用太考虑他们家有没有权。”那么看什么呢？看看他跌倒后能不能自己爬起来，十年生聚，十年教训。越挫越奋，卷土重来。真正刚强的男孩子，遇到小事儿反而会忍让。胆小的男孩办大事，前思后虑是一种美德。

第四，每天都想三个问题：为家人做了什么？为单位做了什么？有朝一日，我能为祖国做些什么？如果一个孩子能这么想，他就是站得高远，将来就能成大器。所谓的耿直，不是见利益就得，不是在单位、班级里能“称王称霸”，反而是谦和恭顺，低调为人。

第五，退一步海阔天空。谦和恭顺是人生的大智慧。只知道前进的人，只知道占便宜的人，总有失败和失势的那一天。进三步，退一步；事不做绝，留有余地；战战兢兢、如履薄冰，这样的孩子看起来胆小，实际上是有城府的孩子。

在学校里评职称是大事儿。有的讲师没评上，就去找领导，或者给自己的对立面打小报告，造谣生事。有的人今年评不上，认真找原因，可能是科研少了点，论文发得不够数，这样往后退一步，然后卧薪尝胆，卷土重来。这次没评上，下次更努力。后一种同志，反而可以被评上教授，后人发，先人至。

小时候洗脸，肥皂进了眼睛很难受。我就问我母亲：“有什么好的办法能让肥皂不进眼睛里吗？”母亲说：“你用热水把毛巾打湿拧干了擦脸，肥皂就不会进眼睛了。”所以你看，我六十四岁了，现在洗脸就是用热毛巾擦脸。妈妈一句话影响了我的一生。

年轻的爸爸妈妈们，我们在生活中、学习中，言传身教，遇到事情给孩子讲讲怎么处理：少说几句话，遇事吃点亏，名利面前退一步，不逞一时之勇，不要得理不饶人……“孔融让梨”“张良拾履”“满招损，谦受益”，不都是这个道理吗？

爸爸和妈妈，是孩子最伟大的教师。

◎ 人为什么会分为三六九等?

我一直不明白，为什么有的人做了法官，而有的人却做了小偷？为什么有的孩子天生就高尚？为什么有的孩子怎么教育也不成才？

今天看古书《最乐编》，上面有一句名言：

“上士乐天，中士致命于礼，下士致命于刑，小人致命于欲。”

王大伟翻译：

“人为什么会分为三六九等？按大自然的规律去办事，就是‘上士’。按照道德和礼仪去办事，就是‘中士’。按照刑法的约束去办事，就是‘下士’。按照自己的欲望去办事，就是‘小人’。”

第一等人叫作“上士”。他们做事的动机，符合大自然的和谐规律。

丘处机见到蒙古的成吉思汗。可汗问他：“有没有长生的丹药？”丘处机回答：“戒杀戮！”这就是长生不老的秘方。

据说，现在有人研究诺贝尔奖获得者的性格特征，发现他们好像对做学问并不是特别认真，而很多人都容易被夕阳的景色所感动，有的人爱作诗，有的人爱发呆。

反正就是，对大自然感触特别深刻。

在教育孩子的时候，就要让他们敬畏生命，崇尚大自然。冬天给小鸟喂点小米。爸爸给买个蝈蝈就领着他到花园里去放生。这样孩子就会懂得敬畏生命，热爱生活。这样的孩子长大了，一定是好孩子。

第二等人叫作“中士”。他们以礼仪和道德规范为行为的准则。古人有一句话叫“厚德载物”，原本是叫作“厚德载福”。你能享多大的福分，是以你的道德作为基础的。如果道德不够，你就不会幸福。

“法律是道德的底线。”由于你不能够严守道德的底线，所以才容易犯法。

现在有些案件触目惊心，引起整个社会的关注。最近曝出的性侵案件，就有很多人呼吁要增加对性侵的法律严惩力度。建议是非常积极的，但法律不是万能的。不是说立了法这一类犯罪就会减少或者消除。

比如说，我们国家对制贩毒品的惩罚力度非常大。“一勺盐判七年，一个鸡蛋命玩完。”就是说你大概贩卖了一勺盐重的毒品，就能判到七年的有期徒刑。如果你贩卖了 50 克以上的毒品，最高可以判处死刑。有了严峻的刑罚是不是制贩毒品的人就会望而却步呢？我曾经点评过一个案例。三个姐妹都是二十多岁，都长得很漂亮，人也大方，可是不走正道去贩毒，两个被判处了死刑，一个是无期徒刑。

第三等人叫作“下士”。他们做事情以法律为底线。

遵纪守法是每个公民的最基本的义务。如果不触碰法律的底线，我们就可以安安稳稳地生活。多少贪官东窗事发之后，都在感叹，早知今天何必当初呢？

第四等人叫作“小人”。“小人”做事情按照自己的欲望所驱使。经常可以看到在监狱里服刑的犯人，他们就是因为利益的驱使而走上犯罪的道路。按照弗洛伊德的理论，每个人都可能有犯罪冲动的因素，它叫作“力比多”，它是一种性攻击的冲动的力量。但是老天爷在造人的时候，就为“力比多”的冲动设置了双重保险，一个叫作“自我”（ego），另一个叫作“超我”（super ego）。一个人只有控制自己的欲望，才能走上正确的人生路。

最近参加一个孩子教育的峰会，有人公布了一个统计数字，年轻的父母对孩子的期望是：“90% 的人希望孩子能够高兴，想干什么就干什么。还有 5% 的父母希望孩子身体健康。”这没有什么错误，但是如果一个孩子想干什么都由着他，他一定不会有出息。衣来伸手，饭来张口那是公子哥。不以规矩，不成方圆。

由于我们做事情有不同的动机，有不同的规矩，久而久之就形成了不同等级的人群。当然这里面的因素很复杂。但是，出发点、世界观一定是人成才的最重要的标志之一。

一句话唤醒梦中人。年轻的朋友，我们应该志向远大，严格要求自己，这样就能够成为成功的人士。

年轻的父母，更要让孩子有规矩有底线，不能满足他想要的一切，这样才能培养出好孩子。

◎ 福如春园之草，恶如磨刀之石

好人心里总在纳闷儿："为什么我行了善事，并没有福报来？为什么那个恶霸，恶贯满盈，却不见报应来？"

今天看古书，有一段非常精辟的话，阐明了善恶的循环和报应。

"凡人有势不可倚尽，有福不可享尽，贫困不可欺尽，此三者乃天地循环，周而复始。故行善者，福虽未至祸自远矣。行恶者，祸虽未至福字远矣。行善之人，如春园之草，不见其长，日有所增。行恶之人，如磨刀之石。不见其损，日有所亏。损人利己，切宜戒之。"

王大伟翻译：

凡仗势的人，不可以把势力用尽。凡有福的人，不可把福享尽。对于贫困的人，不可欺人太甚。这三者是天地循环的道理。周而复始永无穷尽。

所以说行善的人，好像福报还没到来，但灾祸已经远去。行恶的人，灾难的报应似乎没有到来，但福气已尽。行善的人，就像春天花园里的草一样，虽然没有见到它生长，但是每天绿荫都在加重。行恶的人，就像磨刀石一样，看着没有什么损坏，但是日久就会看出磨痕。损人利己的事千万不能干。

看了这段文字我觉得非常解渴，也解除了六十多年来心中的疑惑。可以总结为三大定律：

第一，“势不可用尽”定律。任何强大的东西，只要过了头就会走向衰退。夏天太阳很毒，可是一过了中午十二点，太阳就会收敛自己的热气，准备退去。

我十几岁那年，到医院看病。在病号的椅子上捡了一份文件:《周恩来总理的政府工作报告》。里面说:“要把中国建设成为社会主义现代化强国！”看到这儿不禁流出了热泪。我一个十几岁的孩子都从心里盼望着有那么一天，我们能够变成现代化强国。那时候“四人帮”的力量有多么强大，谁也不敢想他们会在一夜之间倒台，可是1976年这一天还是来了。这不能不说是正义的安排!

第二，“福虽未至，祸已远行”定律。人做了好事，心里就安逸，慢慢地健康就会得到改善。

这些年，我也做了一些力所能及的捐献，每年都有一定的课程是免费的。还要对中小学生捐献大量的书籍。虽然没有福报，但我坚信灾祸一定会远离善良的人。

第三，“福如春园之草”定律。事物的发展，就像春天的野草。你看不到它生长，但草地却一天天在变绿。

我的母亲九十岁去世，她九十岁的时候只掉过半颗牙。所有的人见到她整齐洁白的牙齿都以为是假的。为什么呢？因为她刷了一辈子牙，而且每天刷两次，每次要刷很久。如果你坚持十年刷牙，也许见不到牙齿变好，可是你坚持了一辈子，那你的牙齿一定是最好的。

我写这篇文章，是坐在马路边的椅子上写的。现在已经快晚上八点了。长安街上华灯闪烁，冷风袭来，心旷神怡。一个女孩儿带着一只小狗从我身边走过。小狗的铃铛声随着脚步而奏响。此时此刻，我觉得今天很有收获。不知道你是怎么想的，亲爱的朋友。

人之性行雖有所短必有所長與人交游若常見其短
不見其長則時刻不可同處若常念其長不顧其短
雖終身與人交游可也

道光庚寅最樂編原書

◎ 暗中做好事的力量

年轻时我去广东出差，在番禺见过一个漂亮的小宅子，名叫余荫山房。那个宅子虽然只有一亩见方，却修得有山有水，晶莹剔透，应有尽有，让人流连忘返。

余荫山房，就是祖先积下的阴德，而后辈儿孙独享其福。那么什么叫阴德呢？

早上七点，阳光从窗帘的缝隙中透进来，是个艳阳天。在被窝里看古书，才知道什么叫阴德：

“应俊云：所谓阴德者，非独富贵有力者能为之。寻常之人皆可为也。世有乐于施者，施棺砌井，修桥整路。此皆阳德也。惟能推广善心，务行方便，不阻人之善，不成人之恶，不扬人之过。人有窘乏，吾济之。人有患难，吾救之。人有仇雠，吾解之。不大斗衡以倍利，不深机阱以陷物。随力行之。如耳之鸣，惟己自知。人无知者，此所谓阴德也。”

王大伟翻译：

“什么是阴德呢？并不是富贵的人或者有能力的人才能做的事情。一般的老百姓也可以做。

人世间，有乐于施舍的善人。穷人去世了，他施舍棺木，村里遇到干旱，他修整村里的水井。这些是老百姓能看得见的，所以叫阳德。

那么什么叫阴德呢？就是那些推广善心，时时处处与人方便。别人行善就帮助，有人作恶就阻止，别人有经济困难就去帮助，别人有危难就去救助。人与人之间有仇恨就去化解。在经商的过程中，不以大斗小秤来获得昧心钱。不会机关算尽去害人。所谓行善量力而行。就像有一种病叫耳鸣一样，只有自己能知道。这就是阴德。”

什么叫阴德？过去我们总是认为它是封建迷信。今天看了古书，才知道它的真正的定义。所谓阴德，就是暗中做好事，不留姓名。自己没有能力去做显赫的好事，就去做力所能及的好事。原来如此。

第一，所谓的阳德，就是让人能看得见的，物化的好人好事。比如说捐多少钱，捐多少个学校。

第二，所谓的阴德，就是内心的善良，属于“非物质文化遗产”。暗中行善，暗中帮助人。

第三，积阳德很容易，积阴德很难。

第四，阳德可能会很快得到回报，而阴德则福报子孙后代。

我这一辈子，做了很多事情，但并不知道其奥妙。比如汶川地震，我曾六次赶赴灾区。有钱的人给灾区盖板房小学，武警战士在废墟里救伤员。像我这样一个普通老师，一没有钱，二没有力，就只能上板房小学里给小朋友讲安全，讲心理健康。讲课的过程中不喝人家的水，讲完课不吃人家的饭。到街头的食品摊上，随便买一口吃的。当时觉得这就是该尽的义务，现在才知道这就是在积阴德。

比如现在做得最多的事情是，到幼儿园、中小学去讲安全知识，教小朋友怎么防拐卖，教女孩子怎么防身。这都是看不见、摸不着的。过去总觉得，不如给幼儿园捐个图书馆体面，不如给小学修个礼堂光荣。现在才知道这也是体面和光荣的事。这些也能让自己的内心感到满足和愉悦。

所以年轻的朋友们，如果咱们有钱有资源，可以去修桥铺路、建大礼堂、建学校。如果咱们没有钱，没有资源，有善心做力所能及的事也就够了。

一、去帮助别人，比如化解矛盾，给人做心理辅导。

二、看见路边有落单的小朋友哭，去帮助孩子找到妈妈。

三、别人有难，咱去倾听一下也是可以的。

过去觉得人微言轻，现在才知道，这都是积阴德的事儿，都是光荣的。

所谓做善事，不是捐的钱越多越光荣。只要你有一份善心，哪怕帮小朋友系个鞋带，哪怕背着老人过个马路，都会有福报。当然我们绝不是祈求福报，而是追随内心的善良。

我在潘家园买过四个字的砖雕——循安处善。意思是做任何事情都以安全为目的，以善良为前提。

在这里，我把这句话送给所有的朋友，祝大家好人一生平安。

◎ 无论是做事还是养生，牢记三部曲

夕阳西下，从六点看到七点，今天看古书中的这几句话太难懂了。整整琢磨了一个小时。最后终于看明白了，高兴得不得了。这就是摄政王载沣所说："有书真富贵。"今天琢磨明白的就是，修身养性，做成大事的三部曲：主敬，则静，而明。

做任何事情，首先主敬，然后入安静，这样就能够做成，从中获得极大的愉悦。

我的老家是山东莱州，那个地方盛产毛笔。小学徒跟着师傅学三年。第一年干什么呢？找个水缸倒扣在地上。每天上了班就在水缸上坐着，为什么？"入静。"人先安静了，屁股坐稳了才能学习。

古书是这样说的：

"易摇而难定，易昏而难明者，人心也。惟主敬则静而明。君子之所谓敬畏者，非有所恐惧忧患之谓也。乃戒慎不睹，恐惧不闻之谓尔。君子之所谓洒落者，非旷荡放逸，纵情肆意之谓也，乃其心体不累于欲，无入而不自得之谓耳。是洒落生于天地之常存，天理常存，生于戒慎恐惧之无间。"

王大伟翻译：

“人心这个东西，容易摇摆，而且不容易安定。容易发昏，而不容易清明。这里边有个三段论：首先是主敬，主敬则安静，安静的心，就明白了道理。

所谓敬畏，不是恐惧，也不是忧患。容易摇摆的人心里难以安定。容易动摇的人难以明确志向，是因为心神不宁。要做到心定神宁，第一要主敬，第二要安静。这个词就叫作‘主敬而静’。

所谓的敬畏，并不是常常怀有恐惧忧患的意识。一方面，对于容易产生摇摆的事情不看，对于产生恐惧的事情不听；另一方面，所谓君子的洒脱大方，并不是人们想象的那样肆意纵横，随心所欲。而是自己的思想不被欲望所束缚和支配，就好像知足和有收获一样。君子的洒落生于天地长存的真理，而真理生于天地之间。没有恐惧和摇摆，就是真理长存心间。”

试图归纳出以下几个要素：

第一，主敬而静。对万事万物产生了敬畏，人心就入静了，人一旦宁静，心里就安宁了。

说到喝茶，我在日本学过茶道，它的核心理念是“和敬清寂”。和是要团结，敬是要敬重，清是要内心清爽，寂就是人在死亡之前脸不变色心不跳。

说到书法。要尊敬古人的字帖。先要入帖才能出帖。写字的时候要心无杂念，平心静气。在砚台上研墨的时候要一丝不苟。写完了字那些纸片不能乱扔，这叫“敬惜字纸”。这都是主敬则静的功夫。

第二，规避恐惧。规避容易产生恐惧和摇摆的事情，不听不看。

古代君子，对外面的虚邪贼风，避之有时。恬淡虚无，真气从之。过去我姥姥对我很好，常常嘱咐我一句话：“大国（我的小名），遇事多多躲避着。”这是什么意思呢？

能扛五十斤东西，千万别扛六十斤，容易闪了腰。黄赌毒这一类东西，躲得越远越好。

第三，清除欲望，谨言慎行。一辈子就做一两件事儿。做到极致。我这一辈子，哭着喊着从国家机关调到学校当老师。放弃了仕途之路，放弃了丰富多彩的生活。一辈子做了两件事儿：一是参与了引进西方警察科学，二是做了儿童安全的研究和宣传，创造了《平安童谣》《平安童话》和《平安儿童操》。

如果你是个卖豆腐的，就把豆腐做到最好；如果我是个裁缝，就把衣服做到最好，这就是中国古人的境界，现在叫作匠人精神。

我们这个世界是光怪陆离的，有需要做官的人，有需要做工的人，做不了大树就要当一棵小草，但是一定要做一棵最美丽和最欢乐的小草。

◎ 缺陷世界

现在是晚上八点，刚做好饭让稀饭凉一下，抓紧时间再看会儿书。今天看的是《缺陷世界》。这个词儿出自明代人之口，有点让人震惊：

“人生世间，自有知识以来，既有忧患不如意事。小儿叫号，其意皆有不平。自幼至少至壮至老，如意之事常少，不如意之事常多。虽大富贵之人，天下之所仰羡以为神仙，而其不如意处各自有之，与贫贱者无异。特所忧虑事异尔。故谓之缺陷世界。以人生世间，无足心满意者。能达此理而顺受之，则可少安。”

王大伟翻译：

“人生在世界上，自从有了知识以后，就会有忧患意识和不如意的若干事情。小孩也会哭叫，因为他有需求。从婴幼儿到少年，再到中年、老年，其规律是如意的事情少，不如意的事情多。即使是大福大贵之人，他的不如意和贫穷人的不如意是一样多的，只是忧患的性质不一样，所以我们把世界叫作缺陷世界。天地之间，就没有一个时时处处心满意足的人。如果懂得这个道理，心情就会稍稍安定一些。”

把这句话总结一下：

第一，人人都有烦恼和不如意。所以焦虑倾向和抑郁倾向，没有什么了不起的。

第二，从小到大，每个时间段都有烦恼和不如意。小孩一天到晚哭，从出生就有烦恼。

第三，烦恼和不如意不只穷人有，富人也有，而且数量大致是相等的。卡耐基说过一句名言："有人为没有一双好的鞋而烦恼，可是他看见一个没有脚的人在向他微笑。"

第四，无论穷人还是富人都有烦恼和不如意，只是性质是不同的。

第五。知道人生是一个缺陷世界，不奢求过分的欲望，人心就会安定。

古人说的还是有一定道理的。但是我还想补充几点：

第一，带着焦虑生存。既然是处在一个缺陷世界，就要学会适应。犯罪学里有个观点："带犯罪发展论。"就是说我们不可能在现阶段消灭犯罪，只能以正压邪，打压犯罪，同时发展生产，生活学习。这就叫作"带犯罪发展论"。所以有焦虑症的朋友，别指望把焦虑症治好了再去念大学或者做别的事情。恐怕要背着焦虑症去念大学，去出国，去创造你最伟大的事业了。

第二，减少欲望。古人说："少欲顿觉身轻。"只要你的欲望减少了一些，马上就觉得走起路来都轻松了很多。

对于男人来说，结婚是一个欲望吧？可是你知道安徒生，一辈子只谈过四次恋爱却还没有成功，他一生都没结婚。

对于男人来说，有住房是一个欲望吧？可是安徒生在七十二岁时，是死在故乡奥登赛的一个小旅馆里。他一生都没有一间属于自己的住房。

人生的两大欲望都没有实现，可是他却成了人类最伟大的童话作家。有一次，北京世纪坛举办安徒生的展览，去的全是小孩子，只有我一个老头。我对安徒生的画像鞠了一躬，并且说："你就是我的哥哥。"

第三，变不如意为如意。就是说把不如意的事情变成如意的事情。这个我深有体会。小时候我是个"病秧子"，参不了军。而当时参军是大部分青年人唯一的梦想。我父母都是军人，这个欲望就更加强烈。但是没有办法，就只能在家关起门来读书。没想到1977年恢复了高考，我第一批就考上了大学。

今天读的这一段古书，好像一根刺扎在我的心头。原来世界是缺陷的，很多人又是缺陷的人生。

但是这两个缺陷加在一起，并不能泯灭理想的光辉，我们一定会战胜这个缺陷、那个缺陷，最终实现青年人的梦想。对于这一点我深信不疑。

回顾我这一生，每走一步都是坎儿，每走一步都是缺陷。但我仍坚信前途是光明的，所以在五十岁的时候我写下一首诗：

不敢举头望夜空，五十已过冷月风。
沟沟壑壑山间路，凄凄惨惨度浮生。
窗外鹤鸣动竹影，琴中烛红酒杯空。
幽兰偏生车马道，残月仍在花飘零。

◎ 心相三十六善：失传了多年的绝技

◆ 心相

我们都知道算命看相，比如“天庭饱满地阁方圆”，就是有福之人。这都只是外在的，很多都有着迷信色彩。但是有一项已经失传了多年的绝技，不是看相而是看心。通过人的道德品质行为规范，可以预知这个人的未来，福祸凶吉。这其实是有一定道理的。这里边没有封建迷信的色彩，而更多的是促使你的扪心自问，改过迁善，做个好人，多做好事。

◆ 心相三十六善

今天早晨七点半，躺在床上看古书，发现了这个失传多年的绝技：

吴处厚论心相，有三十六善。

1. 焚香读书。

2. 做事有刚有柔（做事刚柔相济）。

3. 慕善近君子。

4. 安分寡言。

5. 不嗜杀。

6. 为善不求人知。

7. 忍耐。

8. 不厌人乞假。

9. 喜人规劝。

10. 尝自知非（经常反省自己，寻找自己的错误）。

11. 闻事不紧张。

12. 与人期不失信（与人交往信义为先）。

13. 无作好作恶。

14. 不谈乱。

15. 夜卧不便睡着，马上不回头顾（晚上睡觉的时候稍微清醒一点，骑马的时候不要老回头分散精力）。

16. 不谈闺间事。

17. 做事周匝有终始（无论是做事还是交朋友，有始有终，不半途而废）。

18. 不忘人恩。

19. 扬善掩恶。

20. 急难中济人宽慰。

21. 不助强欺弱。

22. 不忘故旧。

23. 能损己为利人事。

24. 知人诈伪能涵容（明明知道别人在诈骗却不点破）。

25. 能惜福。

26. 享知惭愧。

27. 语言有序。

28. 当人语次不掺夺（听别人说完了再发言）。

29. 不嫌恶衣食。

30. 不面訐人（不当面揭人的短处）。

31. 知人饥渴劳苦（体谅别人的辛苦）。

32. 不念旧恶。

33. 常思退步让人。

34. 尽心为人谋（朋友有难时，认真倾听，帮助谋划，化解危机）。

35. 受诽谤不即自解（受到别人诽谤不马上申辩解释）。

36. 经信因果（须要扬弃与批判）。

故相面不如相心，求人像不如求己像。

王大伟翻译：

古代有个人叫吴处厚，他有一个绝技，别人是相面，而吴先生是相心。通过人的行为品德，可以预知他的未来。人有三十六种品德，预示着将来一定会有善报。

◆ 给自己打分

这里边一共有三十六条，每条计 1 分。如果你能得 18 分，也就是一半儿的事儿，你的前途就差不了。18 分以上，每多一分就进一步。要是得了满分，那就是至善至美的圣贤了。

我刚才给自己打了打分，经过认真计算，得了 22 分。还有很大的努力空间。虽然已经六十多岁了，还要不断反省自励，找出自己的差距不断进步。

◆ 寻找不足

我认真找了找，其中第17、18、19、25、26、31、34、35项等都有问题，都做得不够。那咱们就从今天开始，一点一点地改进。不是为了求富贵，而是为了自身的修养。

我姥姥经常跟我说："家门旺，看子像。"一个家是否兴旺，要看孩子的长相。所谓孩子的长相不光有外貌的长相，还有心相。三十六善，也是教育孩子的三十六个要素。不要着急一步一步地来，孩子养成的好习惯多了，将来就一定会有锦绣的前程。

年轻的朋友们，你们得了多少分呢？

◎ 家庭兴旺发达的三十六种标记

一个家庭是否兴旺发达，有三十六种标记。这是我今天看古书发现的秘密。

前两天我写了一篇文章：“心相三十六善。”讲了人的三十六种行为可以导致吉祥。今天看古书又看了一个家庭兴旺发达的三十六种标记。

◆ 居家三十六种吉祥

清空先生论居家过日子有三十六种吉祥：

1. 居家尚礼仪。

2. 子孙知稼穑（农耕社会时子孙要会种庄稼，现在应改为爱劳动）。

3. 斗称要准（不许买卖上坑骗别人）。

4. 每闻纺织读书声（过去有句话叫“男耕女织，诗书传家”。家里能听见织布机的运作声，听到朗朗的读书声）。

5. 少兴造(土木之功未可擅动,尽可能少的盖房子)。

6. 婆不入门（三姑六婆，不得入门，媒婆、稳婆等，搬弄是非）。

7. 不畜优仆（不要雇用长得特别漂亮的人，也有人说不养私人戏班子）。

8. 和睦邻族。

9. 门多士君子。

10. 早完官税（重要的事情是把官府的税先交了）。

11. 庭除洒扫。

12. 闺门严肃（女子门前严肃，女子有家教）。

13. 尊重师傅。

14. 宴客有节。

15. 无长夜饮。

16. 不延妓女至家。

17. 不狼藉用物（家具摆设要整洁，不能一片狼藉）。

18. 女人不登山入庙（妇女不轻易到庙里烧香。烧香的时候，就会结交其他人。这反映了封建社会男女地位不平等，是对女人的禁锢。需要坚决批判）。

19. 居丧循礼（家人去世要按照礼仪安葬）。

20. 交易分明。

21. 祭祀必恭敬（每年祭祀祖先的时候不能忘记，要毕恭毕敬）。

22. 故旧穷亲在座（家里的穷亲戚经常走动）。

23. 悲忧烦事禀明家长（多倾听老人的意见）。

24. 闻人谦婉（家人对外谦虚婉）。

25. 家人多服布衣（家人穿衣服不尚奢华）。

26. 不喜斗讼（不喜欢打官司告状）。

27. 不闻夫人声（闻夫人声使人心移。不听女子的声响。这是男女不平等的表现，是需要批判的）。

28. 不信祷赛（不相信祈祷算命之类的事）。

29. 不聚坐谭谑（绝不没事坐在一块，谈论小道消息，捕风捉影）。

30. 婚娶不慕势力。

31. 卧兴以时（按照四季变化的规律，安排睡觉的时间和早起的时间）。

32. 田宅不求方圆（买田置地，实用为主。买田地不用去专门买方形的，那样比较费钱，什么形状的田地只要能打粮食就行了）。

33. 童稚能够应对（小朋友学会应对礼仪）。

34. 舟车什物能借人（过去家里的船和大车，还有其他的物品，别人来借都慷慨答应）。

35. 无博弈戏詈[1]（家里不赌博，也不经常看戏，借戏文搬弄是非）。

36. 奴仆不搬是非（家里雇的仆人，不搬弄是非）。

全者鬼神福之，子孙保之，不然下手速修。所谓移门换向，趋吉避凶之真诀也。

如果这三十六条都能做到，无论是神鬼都会赐福，子孙都会受到保护。如果没做到，赶快修行还是来得及的，这就是过去所说的“移门换向，趋吉避凶”的真正秘诀。

◆ 五十六年前故乡的夜晚

通过这居家过日的三十六个吉祥，我们可以看到，其实古人并不完全相信风水，而更相信治家过日子的道

1 詈：责骂。

德标准和良好习惯。

就以第四条为例，“每闻纺织读书声”。我姥姥对我说，过去农村晚上也没有电灯，天黑了，大家就摸着黑纺线织布。晚上你会听到“卡卡”的织布机的运作声音。这时，小油灯下，还有孩子读《三字经》《百家姓》。过去农村，用豆油倒在小瓶子里，放上一个棉花的灯芯儿，这就是一盏小油灯。

我小时候就是在这种油灯下，用浓重的莱州口音，背会了《三字经》的。小油灯的灯芯儿还不能调大，因为这样会浪费油。那闪烁着红晕的灯影，永留心间。

这样，纺织机的声音和孩子的读书声，两种声音混合在一起，就是家庭吉祥的交响曲。有劳作的父母，有读书的孩子，这个家庭一定有最美好的未来。这就是中国古人的理想境界。

好想念我的故乡，那个充满希望之声的夜晚……

第二篇

說話慶甘

一縷泡茶透碧紗

◎ 古代夫人的标准，今天仍有启迪

今天看古书，有个程大中的故事。其中主要表扬了程大中的妻子“相夫教子”。

“程大中公昫，性宽而断，中外相持如宾。夫人谦顺自牧，虽小事必禀而行。治家有法。不喜笞扑奴婢。诸子或加呵责，必戒之曰：‘贵贱虽殊，人则一也。’公或有所怒，必为之宽释。唯诸子有过则不掩也。曰：‘子之所以不肖，以母蔽其过而父不知耳。’”

王大伟翻译：

“古代有个做官人叫程大中，性情宽厚而做事决断。不管是对家人还是外边的人都相敬如宾。治家有法度，不喜欢鞭打惩罚奴婢。如果儿子对奴婢斥责的话，程大中会告诫他们：‘主人和奴仆，虽然有贵贱之分。但是人的尊严是一致的。’夫人贤惠，如果程大中生气，夫人总是从中劝解。但是如果孩子们有错误，绝不隐瞒姑息。老夫人有句名言：‘孩子之所以没出息，就是母亲护着他们，而父亲不知道罢了。’”

◆ 古代夫人的七条标准

上面这段话虽然文字不多，但我总结出七条古代夫人的标准：

一、谦虚谨慎，凡事和丈夫商量。这一条很重要。现在有个别女性，应该说有点“大女子主义”。好像老公做的事都是错的。我曾经写过一篇文章叫“我今天又做错了？”写的就是，老公在家里倒垃圾倒不干净，洗碗洗不干净，而经常受到斥责的故事。

安徒生童话里有一个故事“老头子做事总是对的”。有个老爷爷牵着一匹马去市场上卖。看见一头牛很喜欢，就用马换了牛。又看见一只羊长得很漂亮，就用牛换了羊。然后又看见一只鸡，“红公鸡绿尾巴”，长得很漂亮，就用羊换了大公鸡。后来又看到一堆烂苹果，他想用烂苹果做果酱，于是又用大公鸡换了烂苹果。有两个英国商人打赌：老头子回家肯定得受到一顿臭骂。于是他俩打赌，如果老头被骂，就输掉两个金币。可是没想到，老头子回去讲用马换烂苹果的故事。老太太激动得不得了，抱住老头说：“你做得太棒了！我一直就想有一堆烂苹果做果酱。这就是“老头子做事总是对的”。

二、治家有法度。男主外女主内。家里的家规要严明。这是女主人的职责。

三、对佣人要好。我小时候邻居家有个保姆。大家都管她叫婆婆，是一个南方的温婉女人。我 3 岁的时候，她很喜欢我。我经常到邻居家去蹭饭吃。这个婆婆看大了一代人，又给第二代人做保姆。成了这个家里的不可替代的成员。我现在六十多岁了，还想念婆婆做的好吃的。

四、主人、佣人一律平等。

五、如果子女惩罚了佣人，母亲要好言相劝。现在家里即有请保姆的，也有请临时工的。家里的小孙子小孙女，见到年长的要喊奶奶，见着年轻的要喊姑姑。要教育孩子们，家里的保姆就是家里的亲人。

六、先生生气要好言劝解。

七、子女犯了错误绝不代替隐瞒包庇。告诉父亲，给予惩戒。

◆“两只船桨”定律

我有一个定律：“两支船桨。”小船有两只桨，一只船桨叫惩戒，另一只船桨叫鼓励。若一味地滑动鼓励的船桨，小船只会原地打转。只有两只脚同时滑动船桨，小船才能驶向理想的彼岸。

我是在北京师范大学学教育学的。西方教育学里有一句名言：“男孩子的耳朵是长在背上的。”后来我出去讲课，把这句话改为：“男孩子的耳朵是长在屁股上的。”一定的惩戒是必要的。

我坚决反对打孩子，但是孩子做错了事情要告诉他，要批评他，甚至适当的惩戒也是必要的。

“慈母必败儿，惯子如杀子。”这都是古代圣贤的教训。

又啰唆了半天，是不是该做晚饭了？

◎ 培养好学生，别忘了四件事

年轻的爸爸妈妈，你们想要把孩子培养成什么样的人？我想第一要让他上大学，但这只是起点不是终点。最重要的是要让他成为一个有理想、有抱负、有节操的正人君子。

我曾经写过一本书叫《起跑线是精神不是物质》。这本书中我的观点是：“理想是孩子学习的最大动力。而理想一定是空虚宽广，遥远而不可及的东西。理想绝不是开好车、住别墅、顿顿吃大餐。”

今天看古书，看到这四句话，好像老朋友似的，正合我意。

“心地要宽平，见识要超卓。规模要扩远，践履要笃实。能是四者，可以言学矣。”

◆ 心地要宽平

我当了一辈子老师，见过的学生可谓是千奇百怪。“心地宽平”的孩子，会虚心听爸爸妈妈讲道理。笑眯眯地听，冷静思考。他会提问，但不是争辩。这样的孩子做人踏实，学习进步也快。

而现在的学生，其中有一批人思维狭隘，爱钻牛角尖。具体的表现就是以自我为中心，把自己的错误推给别人，你经常会听到他在抱怨：我学习不好，是因为小时候爸爸逼我写作业，我厌烦了。我的论文外审没通过，是因为我导师没水平。我现在胆小怕事，社会化程度低，是因为我爸的性格就是这样……

这样的学生中也有很多人有本科学历，甚至有硕士博士学历。可是公司的老板用他们半年，他们什么都不会做，最后没办法，回家打游戏去了。

◆ 见识要超卓

多年以前，一艘船从上海驶向法国巴黎，船上坐着四十个中国留学生。他们有的家境不是特别好，很多人买的三等船票。经过一两个月的海上漂泊终于到达了巴黎，晚上在学校吃饭的时候一人发了一份牛角面包，留学生们高兴地期待着法国大餐，结果并没有等到。这四十个人去法国读书，是为了理想，“为中华的腾飞”。在这四十个人里，有周恩来，邓小平，聂荣臻，陈毅，蔡和森……

◆ 目标要广远

我有一个好朋友，家里很富裕。爸爸给他设定了人生的目标：“把北京所有的饭馆都吃一遍。”而屠呦呦发明了青蒿素，她的目标是救助全世界几百万名疟疾患者。这两个目标一个狭窄一个广远。所以人的发展也就不同。

我的本科学士论文是《聋哑人的学习兴趣》。博士学位论文是《中小学生被害人研究》。今年我六十多岁了，猛然醒悟：“为什么我总是在为弱者而写作？”因为我小时候就是个病秧子，就是生活、挣扎在最底层，所以我要为弱者说话，为弱者发声。

◆ 践履要笃实

我小时候没念过多少书，可是在农村牵着牲口当过农民种过地，在工厂当过车工，多次到部队里去学军野营拉练实弹射击。我还当过售货员，理发员，烧窑的工人。从小就知道中国的农村是什么样子，工厂是什么样子，社会是什么样子。

现在有些学生是考试机器，考试的本领超群。只要给他们半年时间，无论是硕士还是博士都能考上。可是他们根本没念过几本古书与名著，也没有真才实学。他们所擅长的，就是小聪明，走捷径，会做题。

怎么教育孩子，总结如下：

一、伟大的理想。当医生救病人，当解放军战士保卫祖国。理想不是吃遍北京的饭馆，理想不是有一个宝马车队。记住，理想是空虚的！

二、深邃的目光。要出国留学，要去看世界。就是开个混沌铺，也要开成连锁店，让英国法国的大妞们，在我的馄饨铺里办婚礼。

三、虚心求学的态度。虚心向每一位老师和同学求教。遇到挫折、失败、考试成绩不好，都要从自己身上找原因。

四、逆境吃苦。假期带孩子到农村去生活一个月。真正地做农活，而不是去吃农家乐。

孩子从小要抄书背书。告诉孩子学习没有捷径。只有艰苦奋斗，才能改变自己的命运和家庭的命运。还要记着“为中华的腾飞而读书”。

古人说的这四条，也是我想了一辈子的事儿。年轻的朋友们，希望在教育孩子的过程中，有所参考，有所启迪，有所收获……

人以厚道待人正是自巳占地步處故曰寧令我容人勿令人容我寧令人負我勿令我負人看來何等氣象

道光庚寅最樂編原書

◎ 说错话也是有规律的

"怒伤肝，喜伤心。"

"喜不言，怒不语。"

古书有云：

"喜时之言多失信，怒时之言多失体。"

王大伟翻译：

欢喜的时候说话，一般容易说大话，自己办不到，失去了信誉。生气发怒的时候，一般会说过头话和狠话，会伤及自己的体面。

以上这段古文总结下来，就是一句话："高兴的时候别许诺，生气的时候别绝交。"

◆ 高兴的时候怎么说话？

这个问题，五十年前的我曾经问过我妈妈。妈妈的回答是："你就不用说话，笑笑就行。"我觉得这个答案是不错的。

一、只笑不说。人逢喜事精神爽，别人让你表态的时候，往往会大包大揽，等到事后会觉得下不来台。这个时候只有一个法宝，就是“哈哈大笑，不说话”。

二、谦卑之气。越是高兴的时候越要谦卑，可以说自己这不行那不行，这次是瞎猫碰上死耗子。千万别自鸣得意，不知自己姓什么。

高兴时说话的公式是：笑一笑 + 少说话 + 不许诺 + 表示谦卑。

◆ 生气的时候怎么说话?

一旦生起气来，要马上做几件事情。

一、闭上嘴巴。生气的时候不能说话，一说话就是狠话，有失体面的话，事后后悔莫及。所以要告诫自己“生气的时候闭上嘴巴”。

中国十周年大庆的时候，毛主席邀请赫鲁晓夫在天安门城楼上观礼。赫鲁晓夫突然说：“我们决定不给中国原子弹了，所有的专家也要撤回去。”这实际上是平地一声雷。毛主席大度，听到这种讹诈的话，不动声色，淡淡地说了一句：“那就让中国人自己试试吧！”然后就高兴地去看阅兵。

二、回家睡觉。生气的时候，千万不能留在原地，马上离开，回家睡觉。第二天睡醒了什么都明白了。

三、后生可畏。千万别跟年轻人生气。一旦动起手来，中老年人要吃亏。练武术玩散打的人都知道，你的武艺再好，也别跟年轻人、愣头青动手。

四、穷寇勿追。如果对方没有理，千万别试着跟他去讲理，胡搅蛮缠的人有的是。

很多病都是气出来的。比如中风，胃溃疡，糖尿病，心肌梗死……所以人到了四十岁以后，就千万不能生气。只要一生气掉头就走，别接茬，别恋战。

“大悲大喜，伤人身体。”就好像天气一样，特别寒冷的冬天，和特别炎热的夏天我们都要学会保持身体健康。所以，遇到大悲大喜之时，赶快离开，“三十六计，走为上策”。

生气时说话的公式是：闭上嘴巴 + 赶快离开 + 回家睡觉。

“谁人道无烦恼？风来浪也白头。”也许你控制不住生气，但是可以避免生气之后说错话、做错事而伤及自己，这也是大学问。

可惜，从小爸爸妈妈都没有教过我们。

◎ 指出朋友缺点的秘诀

“良言一句三冬暖，恶语伤人六月寒。”怎么和朋友指出缺点呢？这里面是有学问的。

今天看古书，有这么一段话，很有教益：

“人有过失，或素相亲厚。欲其改悟。只宜僻静处，面语其人。委曲言之。出我之口，入彼之耳。方是相爱相诚之意。彼亦知感恩。若向他人声扬不已，或对众面责。彼并不乐，且或强辩不从。如此。但失忠厚之道，亦敛怨招祸之端也。”

王大伟翻译：

如果有人犯了错误过失，还是好朋友，你还想让他觉悟，最好的办法是找僻静的地方，悄悄和朋友把这个事情说明白，并不是直白地说，而要想办法让他懂得。从我的嘴里出，到他的耳朵进，没有第三者听到。这才能体现出相诚相爱。那么，被你帮扶的对象也会从心里感激你。相反，如果你在大庭广众之下指出朋友的缺点，或当面指责朋友的过失，朋友一定会不快乐，或者跟你争吵起来。这样你就错了，你不仅失去了忠厚的美德，还会招来怨恨甚至祸端。

我想不论是教育孩子，还是规劝妻子丈夫，都是一门学问：

第一，不当面揭别人的短。不能面对众人去说。

第二，千万不要用写信的方式去批评别人。因为你有一句话说错了就覆水难收。如果你再把这封信让别人看见，那你就愚蠢透顶。

第三，如果真心为了朋友好，要选个僻静的地方，只有彼此两个人，绝不让第三者知道。

第四，先说对方的优点，说够七分，再谈三分缺点。

第五，要找到述说的最佳方法，不是直白地说。

第六，找到这个朋友的缺点，更要看到这个朋友的优点。在朋友不在场的情况下向他人诉说。背地里夸人，是增进友谊的好方法。但是一定要真诚。

以上六条也适合教育孩子，对孩子发脾气，或歇斯底里是非常愚蠢的。要给孩子一个微笑。用悄悄话的方式告诉孩子要改进的方向，而且这是你们两个人之间的小秘密。

◎ 想告诉儿孙的“六字法宝”

话说多了有三个伤害：心理的伤害，道德的伤害，健康的伤害。如果一个人不爱说话了，瞬间就变得高大。

古人说：“水深流去慢，贵人话语迟。”人老了，有个毛病，就是爱说话，也就是人称的“话痨”，估计是老年痴呆的症状。过去有句话叫覆水难收，你的话说出去了就收不回来了。

每天早晨醒了躺在床上，先看一段古书再起床，这已经是习惯了。今天看的这一段是：

“多言使人心之荡，而气益受损。少言不为养得德深，又养得气完，而梦寐已安。”

王大伟翻译：

“多说话使人的内心飘荡，元气又受到损伤。而少说话，不仅养道德厚重，也在养自己的元气。同时晚上睡觉也安宁。”

我觉得这句话真的是至理名言。

◆ 多说话对心理健康的伤害

话一说多了，内心就飘荡，而内心的飘荡，又直接损害自己的心理健康。

说话分两种：一种是日常交际的应酬话。比如“今天天气真好？”“吃了吗？”另一种是发自内心地对人对事的评价言语。你对别人、对事情的评价，就会搅动你内心宁静的一潭池水。而心里的动荡，又会产生愤怒和激情。这对内心是非常不好的。

“半榻有书邀月共，一春无事为花忙。”“人间是非我不管，花开花落我关心。”古人这种境界，可能有些消极，但也避免了一些多余的人事纠纷和内心的伤感。

单位里最怕的，就是传闲话的人。我们老家管这个叫“嚼某某舌头”。这是最不被待见的人。

◆ 多说话对道德修养的伤害

说话时稍不留神，就会伤害别人，就会有损自己的道德修为。我的爷爷，是一座道德的高峰。他跟我说话只说两句。第一句是关怀。比如，最近学习怎么样？身体好些了吗？生活费够吗？第二句是嘱咐。比如，身体不好别累着了。一定要走正路。有什么话都跟爷爷说……

除了这两句话，爷爷什么也不会说。爷爷离我而去已将近四十年，我现在闭上眼睛，就仿佛看见我的爷爷正襟危坐，气宇轩昂。

◆ 多说话对身体健康的伤害

古人云：“人说千句，不死自伤。”话说多了伤元气，对大脑是巨大的伤害。

我真的这么想：如果一个人学会谨言慎行了，他瞬间就会变得高大，就会省去很多人际纠纷。

如果一个小朋友不怎么爱说话，认真地写作业，背唐诗，发自内心地去关怀爸爸妈妈，这样的孩子是不是人见人爱的好孩子？

如果一个小朋友是人来疯，见到人哈哈笑，说三道四，嘴上连个把门儿的也没有，这样的孩子是不是会让人感到有点儿担心？

我的小名叫王大国，小时候不爱说话。别人问我什么，我只会回答一句话："不知道！"那时我身体不好，心情很孤独。闭上眼睛满是乌云的翻滚，感觉到天地的苍茫和自己的渺小。

于是我就以书为伴，在书籍的海洋中寻找自己的灵魂。安徒生童话里有这样一个场面："一个穷学生冬天很冷，没有吃的，也没有取暖炉。可是当他读书的时候，书上会长出一棵树，开放着很多美丽的鲜花。每朵花上都是美丽的笑脸，还有蓝色的闪光和叮叮当当的音乐……"

"多读书少说话"，是童年时候的总结。我想长大以后，对祖国深深的爱，对弱者发自内心的同情，对事业的顽强追求，都源于这六个字。这就是我要告诉儿孙的法宝。

◎ 与人交往两字诀

我的父亲是苏联基洛夫军事学院的学生，我是英国艾克赛特大学警察学研究所的学生。但是我们两代人公推：我的祖父，是我们老王家道德的顶峰。

礼仪道德和学历文化、社会地位并不成正比。但它所放射的熠熠光辉，永远温暖着我的心。我举几个例子：

第一，爷爷看孙子要换衣服。爷爷来看我，每次都要换新衣服，而且要把衣服最上面那个纽扣扣紧。我现在想起来真的感动。

第二，送人，要等别人走远了再转身。爷爷告诉我送别人一定等到别人走远了，你挥手看不见了再转身。爷爷对我的忠告，有的时候是一句话，有的时候是言传身教。我曾经总结出“祖父对我的十句忠告”，并把它当作我终身的行为规范。

第三，从来不忘记每一个节日。一年有几个主要的节假日，春节、中秋节、新年。爷爷从来没有忘过每一个节假日，总要给小孙子带一点小礼物。虽然礼物是那么的微不足道，但他却永远温暖着我的心。

我订婚的时候爷爷给了 100 块钱，结婚的时候爷爷给了 100 块钱。那时候 100 块钱是老人家两个月的工资。老人家给了你 100 块钱还要问一句：“够吗？”

第四，简单的嘱咐。每次爷爷看到我，都会关怀地问一句，或语重心长地嘱咐一句。比如，“一定要自立”“找工作一定要找个‘有大门的’”“千万不要背鸭绒褥子(就是不要穿奇装异服，比如那个时代流行的羽绒衣，老百姓管它叫鸭绒褥子)”。

今天早晨看古书，里面有这么一句话：

“尊卑内外，界限截然，全凭一个礼字。辞受取与，铢两不差，全凭一个义字。”

王大伟翻译：

说话办事，一定要遵守尊卑内外的规矩。一点都不能疏忽。所依据的是一个“礼”字。

与人办事。不管是给予还是获取，一分一厘都不能差。所依据的是一个“义”字。

第一，道德不能疏忽小事。凡事都要按礼仪来做，丝毫不能马虎。年轻的朋友容易疏忽，我提醒你几句：

一、去机场、车站送朋友，招手目送。看到朋友走远了再转身离去。

二、计算好朋友到家的时间，发个短信询问一下。

三、朋友帮了你的忙，哪怕是一点小事，一定要发短信致谢。牢记：“得人一牛还人一马”。在一个月内一定要报答。

四、去看朋友，一定带个小礼品。哪怕是不值钱的东西。我们老家有句话：“看朋友不能拍打着巴掌，握着拳头去……”

五、朋友到你家来，再急再忙，也要倒一杯茶水。不管是长辈晚辈，一定要送他到大门口。千万不能马虎。

第二，与人交往，在钱财上分毫不差。只能吃亏，不能占便宜。这个我也嘱咐几句：

一、钱财上不能占一分钱的便宜。我上大学的时候在食堂吃饭，饭票不够了会向同学们借，别的同学不够了也会向我借。反正都是几毛钱的事儿，那时候年轻不懂事没记在心上。等到毕业的时候，有个同学说："你还欠我 2 毛 5 分钱没还。"我真的很难为情。

二、欠别人的钱，一个月内必须还清。还要反复致谢。

三、婚丧嫁娶，人之大事，再忙再累也不能疏忽了，该去的一定要去！

其实我嘱咐的这些，都是些家长里短，大家都知道的事，也可能是多余的，但是我们一定要把它做好。

别忘了：一是礼仪敬重，二是义字当先。

好了，谢谢。

◎ 人生有两种难处的境界

人生有两种难处的境界，第一就是你争我夺的“热闹场”“名利场”，第二就是产生矛盾的“是非窝”。

早晨六点十分起床看古书，看到这么一句话：

“热闹场中，人向前，我向后。退让一步，缓缓再行。则身无倾覆。安乐甚多。

是非窝里，人用口，我用耳。忍耐几分，想想再说。则事无差谬祸患不及。”

王大伟翻译：

“人生有两种难处的境界。第一是‘热闹场’中。第二是‘是非窝’里。

于‘热闹场’中，你争我夺。别人向前，我往后退。退让一步，慢慢地走。这样身体就不会倒下来，就会有几分安乐。

于‘是非窝’里，别人用嘴不停地说，我只用耳朵仔细地听。忍耐几分，想好了再说话。这样就不会说错话办错事，灾祸也不会降临到自己的头上。”

◆ “热闹场”中

“热闹场”中，你争我夺是正常的。过去讲评职称，分房子，出国留学……有的人会蜂拥着往前挤，得理不饶人。这个时候，你不用太着急地往前挤，人间自有公论，退一步也没有什么了不起。如果你也往前挤，挤破了头，也许会引来灾祸。

案例 1: 踩踏事件。每年正月十五都有看花灯的习俗。某个城市就出过严重的踩踏事件。大家挤到一个小桥上，结果一个人摔倒了，引起拥挤踩死三十多人。这种踩踏事件，根本原因就是疯似的往上挤，不知退让。

案例 2：评职称。过去某单位评职称，一个名额多人竞争。结果有的人给竞争对手挑毛病，有的人在领导面前搬弄是非。但是有一个老实人在家关着门，写论文、写专著。最后他评职称科研分是最高，自然就是老实人评上了。“人善被人欺，马善被人骑。”这是一种说法，有点消极。“人善人欺天不欺。”“公道自在人心。”这也是一种说法，有积极向上的正能量。

◆ “是非窝”里

有人的地方一定会有矛盾，甚至会有是非。那么怎么办呢？最好的办法就是别人用嘴巴你用耳朵，少说多听。

案例 3：两边传话。两个好朋友最近闹矛盾，都不知道为什么。原来是有第三者在中间传话，两边挑拨。过去有句话叫“给别人捎东西会少一两件，给别人传话会多讲几句”。所以两个朋友之间的矛盾就越来越深。第三者也不是有意挑拨，而是添油加醋，搞得两边鸡犬不宁。

案例 4：背地里说好。我认识一个朋友，愿意在背后夸别人，诚心诚意地夸赞别人的优点。比如在课堂教学中，这位先生就说：我们学校某某人的外语好，某某人的文笔好。为什么好呢？……这话被学生传到另外一个老师的耳朵里，大家都会彼此认同，发现优点，互帮互助，共同勉励，一起奋斗。这样何乐而不为呢？

是人都会有缺点，多看别人的优点，少看别人的缺点，这也是做人的一个小原则。当然，对待朋友严重的错误，还是要多加批评和规劝，惩前毖后治病救人。

年轻的朋友们，在工作岗位上，我们主要的任务就是把工作做好。不用把主要的精力放在人际关系上。有时候人际关系很复杂，说多了话，做多了事，反而不利于团结。你到故宫去看，军机处的那块匾上就是“一团和气”。

就算是一家人也会有矛盾，所以处理家庭的小矛盾，也要学会包容，忍让，少说话。因此，古人的这些小智慧，是可以供我们参考的。

做个坦荡的人。“心中无崎岖波浪，眼前皆绿水青山。”

呂正獻公晦叔識者或咎公持心太恕令除惡不盡將

失有罪爲與日患公曰爲政去其太甚耳人才實難

當使之自新豈宜使之自棄耶

道光庚寅最樂編原書

◎ 与朋友相处的两个最难做到的原则

古人有句话，叫作“义结金兰”。什么意思呢？我给大家说两个原则：

第一个原则：与人交有始终。我的爷爷，是山东文登的一个石匠。他给我一句忠告：“朋友的父母去世了，一定要买个花圈，送到灵前祭祀，老人在世没尽孝道，一定要参加老人的葬礼。”这就是山东人的忠厚。

今天看古书，也看到了类似的话：

“与人交有终始，或有疾病死丧，问遗周恤，往返数百里不惮劳，仍为之经纪家事，抚视其子孙。好荐达人物，或者以为好名。思廉曰：‘若避好名之讥，人不复敢为善矣。’”

王大伟翻译：

“古时候有个人叫程思廉，他有一句名言，与人交往要有始有终。朋友去世了，或是生病了，不管走几百里山路，都要去看望和吊唁。并且要在经济上给朋友以帮助，抚养其儿孙。有人说，你这样做是沽名钓誉。要是人们都怕担上沽名钓誉的指责，还有谁敢做好人好事呢？”

既然朋友一场，生老病死总是要去尽力的。这就是人伦，这就是古人所说的“义结金兰”。

第二个原则：看长处忘短处。古书中说：

“人之性行，虽有所短必有所长。与人交友，若常见其短不见其长，则时刻不可同处。若常念其长不顾其短，虽终身与人交流可也。”

王大伟翻译：

“人的品行，有短处必有长处。所以与别人交朋友，如果你经常看到别人的短处，看不到别人的长处，这样你跟他相处一小会儿就会觉得烦。但是如果反过来你常看到别人的长处，忘记别人的短处，那就可以交终身的朋友。”

所以交朋友，不可以老盯着别人的短处。这样朋友就交不长远。要时刻想想别人的长处，形成互补，就可以做终身的朋友。

这两个原则，你可以在实践中试一下，效果是惊人的。

不怕沽名钓誉，而要义结金兰。

◎ 知道这句话有点晚了

有一本古书叫《名贤集》，里面有一句话："来说是非者，必是是非人。"它告诫人们的是，尽可能地不要议论别人的是非。这是个好习惯，特别是对于刚参加工作的青年人。

今天看古书，有个人把自己的书斋叫作"勤苦斋"。还提出了一个观点：终身不以语人。我们管它叫"勤苦斋定律"。

"曹月川先生年十七，设勤苦斋。其户曰：勤勤勤，不勤难为人上人。苦苦苦，不苦如何通今古？

先生自少年喜谈人善，恶称人恶。见有人称人善者，喜动颜色，问其颠末，不忘。见有人称人恶者，佯若不闻，或许他言以拒之。终身不以语人。"

王大伟翻译：

"曹月川先生17岁那年，给自己的书斋起名叫勤苦斋。并在书斋里写了一副对联儿：

要不断地勤奋再勤奋，否则难以学会做人。

要不断地吃苦再吃苦，否则难以了解今古。

曹先生有一个特点，就是特别喜欢谈别人的优点，而不愿意谈别人的缺点。见到有人说别人的善行，他就特别高兴，不断追问善良行为的细节，牢记在心里。要是听见有人说别人的坏话，先生就装作听不见，或者顾左右而言他。先生有一句话名言是：一辈子也不要谈论别人。”

听到别人说好人好事，学雷锋的事迹，就高兴地学习，而且还要把这些好人好事记下来。

小时候立志要以雷锋为榜样。那时我在医院里住着，专门给临床的病友倒尿壶，觉得这就是学雷锋。

听到别人说不好的事儿，就假装听不见，或者用语言岔开说别的，这也是个好方法。因为负能量的东西会干扰你内心的平静。

听到说别人的坏话就装听不见。这是一个好习惯，也是一个人素质的体现。

“终身不以语人。”听着有点消极，其实是大智慧。当然对坏人坏事该批判的还是要批判。但是“清官难断家务事”。就是家里的老婆孩子，婆媳妯娌，也是少说为好。家长里短，涉及人，还是不说为好。

慢慢地我们都长大了，知道这些道理有点儿晚了。这就叫“勤苦斋定律”。

正以立心、廉以律己、忠以事君、恭以事長、信以接物、寬以待下、敬以處事、居官之七要也。

道光庚寅最樂編原書

◎ 四种情况最易冲动，怎么应对？

不知道为什么，现在的人脾气都特别火爆。开车有个小摩擦就非得你拿刀我拿棍，打个你死我活，这叫“路怒症”。大家还记得那个案例吗？两个人开车有点小别扭，一个人拿出一把大长刀来砍对方。被害人把刀夺过来，把加害人给砍死了，虽说是正当防卫，但本来就是一件不足挂齿的小事，结果闹出人命来，何必呢？

还有一个人上街溜达不戴口罩，保安好心给个口罩，却被言语攻击，最后也是闹的被治安拘留。

这种事情，不是一两件，可以说俯首皆是。那么是不是应该反思一下：我们是不是太浮躁了？

这两天看古书，看到这么一小段文字，四种紧要关头的处世哲学和应对态度。

“饶一着，添子孙之福寿，退一步，免隙驹之易过。忍一言，免驷马之难追，息一怒，养身心之清和。”

王大伟翻译：

“要报复别人时，突然决定算了，这就是给子孙添了福气。要攻击时，不攻击了，退了一步，这就免去了光阴迅速的步伐。刚要说不好的话时，突然咽了下去，就免去了说话后的后悔，追也追不回来的懊恼。刚要发脾气，忍下来不发了，就保持了自己身心的平和之气。”

这几条，好像是在教年轻人学着为人处事，实际上体现了一个人的修养素质和城府。所以，在处理人际关系时，特别是亲情和邻里之间，学会了这些是非常有用的。

可是你会说，我在冲动的时候根本就停不下来，收不了手那怎么办呢？

我教给大家一个小口诀：“不决断，晚发难，睡一觉，过一天，再找亲人谈一谈。”

这是什么意思呢？就是你要冲动了、要想打人、要暴跳如雷的时候，先回家睡一觉。第二天醒了基本就明白了。如果还不明白，再找亲人谈一谈，矛盾也就化解了。

人有三种勇敢：

第一种，跟别人打架，得理不饶人。这哪是勇敢呢，这是不懂事。有一个朋友的孩子喝醉了酒，和人家打架，一拳把别人的嘴打破了还缝了几针，被派出所拘留了几天，还照了一张背后有标尺的照片儿。后来工作都丢了，还背了案底，这一辈子都后悔莫及。

第二种，遇到矛盾和纠纷，往后退一步，寻求老师的帮助，家长的帮助。依照法律来解决，这就是我们所说的真正的勇敢。

第三种，真的有敌人进了村，咱们有血性的男子汉，拿起一把大砍刀跟他拼了，那才叫英雄，而且是民族英雄。

我是山东胶东人，那里出了个英雄叫任常伦。大个子，敢跟日本鬼子拼刺刀。结果生生把一个鬼子给刺死了。任常伦这一仗用刺刀杀了六个日本鬼子。刺刀都捅弯了，最后英勇牺牲了。村子里给他立了个雕像。

如果一个年轻人学会正确处理人际矛盾，那他就成熟了，那就是“胸有城府”“雨里孤村雪里山，看时容易画时难”。

年轻的时候有点火气是正常的，年纪大了就得慢慢地把棱角磨掉。

◎ 黑风吹船，飘落鬼国

突然发脾气，是一种鬼迷心窍。古人管它叫：“黑风吹船，飘落鬼国。”

谈到修养，古时有四个字：“酒色财气。”躲开这四个字，就是正人君子，少犯错误。今天就来谈谈“气”这个字。因生气而发怒，因发怒而做错事。

◆ 古书中的智慧

今天早晨六点，北京晴空万里，还没起床，在被窝里看古书，有这么一段对话，很精彩：

唐李文公翱，问药山禅师曰：“如何是黑风吹船，飘落鬼国？”师曰：“李翱小子，问此何为？”文公怫然怒形于色。师笑曰：“发此瞋恚心，便是黑风吹船飘落鬼国也。”

王大伟翻译：

唐朝有个大作家，名叫李文公。有一天他问药山禅师：“什么才是黑风吹船，飘落鬼国？”禅师反问一句：“你这臭小子，问这个干什么？”李文公大怒，马上变了脸。禅师笑着说：“你这样勃然大怒，控制不了脾气，就是‘黑风吹船，飘落鬼国’。”

所以说，突然控制不了情绪，就是中了邪气，碰上了魔鬼。控制好情绪，不生气就能避免很多的飞来横祸。

◆ 飞来横祸

古时候，临江有个姓胡的做官人，和客人在客厅里下围棋，突然有个村民骂骂咧咧地找上门来。说是要来算账。胡先生说：“好，好，等一下。”没想到村民上来就把棋盘给掀了，客人很不高兴。胡先生说是不是要来清算账目的？村民说对。胡先生就拿来笔和账本，把村民欠的钱都免了。又对佣人说，给这个老乡拿一斗米，送回家去。

村民在回家的路上，遇到了妻子抱着儿子号啕大哭，妻子问村民：你怎么还没死？结果村民还没走到家就突然死了。原来，村民来讨债的时候已经喝了毒药。要不是胡先生不生气，这次就死在他家了。

上门找事的村民，是做了必死的决心，喝了毒药来挑战。由于胡先生修养到家，避免了一场飞来横祸。

遇上三种人你会没办法，年轻的朋友会说：“凡事凭一个理字，我有理别人就拿我没办法。”这个说法听着是对的，其实也经不起分析。遇上这三种人，你就没办法：

智障者不知道理。

强横者不害怕道理。

奸猾者故意不讲道理。

这时候你怎么办？

其实古人有三个办法：

一、“事小便含忍过去，宁我让人，可也。”

王大伟翻译：

小事就忍下去，让自己吃点亏。

二、“事大则质之官府，告知亲友辨黑白曲直，终越理不得，自然服输。”

王大伟翻译：

大事不能忍让了，第一报警，第二告诉亲戚朋友黑白曲直。做什么事情不能逾越道理，对方自然就服输了。

三、“若持我有理，悻悻生忿。只要尽力做到十分，不肯退步容忍，则愚者终不明，强者终不屈，奸者必百计求胜，或有理反成无理。古人谓事到七八分即已，如张弓然，过满则折，此亦处事之法。”

王大伟翻译：

若仗着我有理，怒气冲天，只想争取到十分的便宜，不肯退步容忍，这样，不懂道理的智障者还是不懂，强悍者会不屈服，奸猾的人会想出千百种方法来求胜利。你或许就从有理的变成了无理的。所以，什么事情到七八分就停止，就像张弓射箭，弓太满了就会崩折，这就是处事的方法。

这就是今天我们向古人学习的为人处事之道。希望对你能有所启示。

◎ 为人处事的“神仙伎俩”

我这辈子，凭着辛苦做点小学问。但是说到为人处事，几乎为零。刚才看古书，才知道这里边的神仙伎俩。古书是这么说的：

“凡人尚智巧，正是没受用处，人反以能羡之，何也？神仙伎俩无多子，只是人间一味呆。非高人之见不能道此。”

王大伟翻译：

“一般人认为，有智慧有技巧的人，才受人尊重。但正是那些看似毫无用处的行为，反而能受人羡慕。这是为什么？神仙出神入化的伎俩，并没有多的棋子，在人间就是一味地发呆。不是高人，是看不到这层道理的。”

所谓的发呆，就是不管不问，眼神放空，或者往上翻白眼儿，像八大山人绘画里的斗鸡，没什么反应，或者是嘿嘿傻笑。这招用处大着呢。

第一，识贼防骗。骗子在你面前演戏，什么亲情牌、震撼牌，你都不为所动，没反应，呆若木鸡，骗子就无计可施了。

除了街头诈骗和电信诈骗以外，还有庞氏骗局，销售保健品，非法集资和传销，都是等着你上钩。“人见利而不见害，鱼见食而不见钩。”遇到一条翻着白眼儿的死鱼，那帮钓鱼的人还不都气死了？

第二，处理矛盾。有很多家庭矛盾错综复杂。“清官难断家务事。”你自己的儿子和儿媳妇跟你作对，你怎么办？这个时候老家儿，当装聋作哑，学会发呆。反而会收到意想不到的效果。

第三，应酬交友。有的朋友耍小伎俩，有的朋友要借钱，有的朋友挖坑算计，有的朋友搬弄是非。这个时候，你假装看不破、识不透、一味装傻发呆、不急着反应，这样既不得罪人，耍小聪明的人也没了办法。

有的时候朋友伤害了你，怒火中烧，这时不妨先冷静几天，发发呆，也会避免很多无谓的争吵和伤害。

第四，直面陷阱。“三十六计”中有“无中生有”“树上开花”“瞒天过海”“笑里藏刀”，你都装作看不明白，说要回家睡觉，那些挖坑陷害你的人，也就没了办法。

诸葛亮对战司马懿，不管诸葛亮怎么骂，司马懿都不生气发怒。最后诸葛亮送给司马懿一身女人的衣服，司马懿一看就说我很喜欢这身衣服，诸葛亮也就没有办法了。

以上四个要点，就是所谓的胸有城府，就是所谓的大器晚成，就是所谓的鸿鹄之志和大智若愚。

居官以清士君子分内事清非難不見其清爲難不恃其清而操切陵轢人爲尤難

道光庚寅最樂編原書

◎ 遇到这种事你该怎么办?

七点整，吃过了晚饭，太阳还在西边的天空挂着，不用开灯就能看清楚书上的每一个字，今天看的这段古书，就是遭人欺负时你该怎么办?

“尚书杨公翥，性最宽厚。邻家构舍，溜桶水出，公庭。家人语与公，公曰：晴日多，雨日少也。又或侵其基址，公有诗云，普天之下皆王土，更过些些也不妨，钟翁生儿，恐驴鸣惊之，卖驴徒行。其先人墓碑为邻田儿戏推仆，守墓者奔告公，公曰伤儿乎?曰否。公曰幸矣。惟语邻家善护儿，勿惊惧焉。度量宽宏类如此。”

王大伟翻译：

“杨尚书，人品最宽厚。邻居家盖房子，下雨的时候把院子里的水排到了杨尚书家。家里人跟他说了这个事儿。杨尚书一笑说，还是晴天多，雨天少，怕什么?不久，邻居家盖房子又占了杨尚书家的宅基地。杨尚书为此作了一首诗：普天之下皆王土，更过些些也不妨。

邻居家生儿子，杨尚书怕自己的毛驴夜里叫会吓到别人家的小孩，就把毛驴卖了，自己每天走着去上朝。家里的墓地上有一块墓碑，被邻居家的孩子玩耍时碰翻了。看坟墓的人向他报告，杨尚书先问：孩子伤到没有?

回答是孩子还健康。杨尚书说这就好了。还嘱咐邻居家的孩子出去玩儿，一定别磕着碰着，更别吓着孩子。你看杨尚书的人品多么的宽厚！”

尚书是多大的官啊，放到现在起码是个正部级干部，可是人家的心胸有多宽。这段话里说了杨尚书四件为人处事的事儿：

第一件，邻居家的水排到自家庭院里，他不发脾气还说，晴天多雨天少。

第二件，邻居家侵占了自家的宅基地，他说再让点又有什么了不起？

第三件，邻居家生了小宝宝他把毛驴给卖了，怕吓着孩子。

第四件，邻居家的孩子把他们家祖坟的墓碑给碰倒了，老先生首先去问孩子有没有伤到。

我在二十多岁的时候，在公安部看见有幅郑板桥的字：“吃亏是福，难得糊涂。”别看我当时二十多岁了，根本不理解这句话的意思。四十多年过去了，才慢慢地体会到其中的味道。

有一天我在门口走，碰见一个中年妇女，把我叫住了，说她的小孙子和某国家机关干部的小儿子打了一架，各有吃亏的地方，现在想走法律程序起诉对方。我说你何苦呢？两个孩子打个架，还都没上学，是多大点儿的事儿呢？经过我的劝阻这场官司也就避免了。

我这一辈子，劝阻这种官司起码有上百起。为了一点儿芝麻大小的事儿，打得面红耳赤，还要报官吃官司。这就体现你骨头硬了？要真是日本鬼子进村儿了，咱拿起片儿刀跟他拼命，那才叫英雄。可是为了一点鸡毛蒜皮、家长里短的事儿，不依不饶，得理不让人，输的是自己的修养和人格。

我这个人天生就懦弱，可我也是当了一辈子老师，走法律程序那是没有办法的事儿，如果咱能把道德修养都提高了，那天下就会没有官司可打……

要是咱真的生气，气得嗷嗷叫，就想想杨尚书吧，人家可是“正部级干部”。想到这儿是不是气就消了呢？

◎ 视觉、听觉太好，也不一定全是好事

我年轻的时候，视觉、听觉都特别好。有鹰的眼睛，狗的鼻子和兔子的耳朵。

那时，我在国家机关上班没有手表，就打开窗户看西单的报时大钟。门外不管多细小的脚步声，我都能听出来具体是谁。

我打出租车有个绝技。上了车我就能跟师傅说明白之前的乘客是男是女，是做什么职业的。司机师傅很奇怪。我就和他解释：“我上车闻见了一点点脂粉味，所以这个人是个女性，但是还有一点点鱼腥味儿，说明这个女士是菜市场卖鱼的。”说的司机师傅连连点头。坐电梯也是这样，我也能把前面那个坐电梯的人说个八九不离十。

等到六十多岁才知道，这也不一定都是好事儿。为什么呢？就是观察得太缜密太细致了。

晚上九点接着看古书，说的是“凝重之人”。

“凝重之人，德在此，福亦在此。愈收敛，愈充拓。愈细密，越广大。愈深妙，越高明。戒太察，太察则无含容之气象。”

王大伟翻译：

“气质凝重的人，道德在这个地方，福分也在这个地方。一个人越是收敛，其结果就越开拓。越是缜密，思维就越宽阔。越是往深处想，决策就越高明。但是也不能太斤斤计较，如果什么事情都那么细致地观察，很容易没有包容之气象。”

古人有个观点，就是“戒太察”。这里面有几层意思：

第一层，就是视觉、听觉太好了，别人一个细节，你都能看在眼里记在心上，这不一定是好事。

第二层，阅人无数以后，一眼就可以洞穿别人的内心。

有一段时间，我对微表情特别感兴趣，还在电视节目里做过好多期关于微表情的节目。什么叫微表情？就是别人手指头一动、眉头一锁，你就知道他内心在想什么。这个我研究了好久，颇有心得。

现在想想这也不是好事儿，别人想什么你都能猜个七八分。这不是自寻烦恼吗？

总结一下：

一、性格凝重是好事。

二、性格凝重的人既有道德也有福分。

三、性格越内敛，前途越开阔。

四、工作越缜密，成就越广大。

五、预案做得越深刻充分，应对事变的能力就越强。

六、做人不能太精明，什么事情都看到了、想到了，不仅特别累，还容易失去宽容、包容之心。

“尺有所短，寸有所长。”一个人的工作能力，是由他的观察力，以及思维的缜密性所决定的。但是如果他的观察力太强了，就很容易发现别人的特点，包括缺点，这样也不容易包容别人。

年轻的朋友，如果你是个观察力极强的人，不妨对别人少看两眼，少琢磨两句。别太累了，活得不潇洒。

◎ 古代宰相是怎么说话的

过去做大官的人，死后皇上要给他一个谥号，这是给他一生的总体评价与定论。谥号里最好的，就是“文正”两个字。我们知道的名人有司马光、范仲淹、曾国藩，他们的谥号都是“文正”，表示这个人德高望重，人品无瑕疵。

今天我们讲的这个人叫王旦，是北宋的大官儿，做了十二年宰相，这个文正公在政治上有见识，保护了很多老干部，他还有个特点就是会说话。那他是怎么说话的呢？

“王文正公旦，与人寡言笑。其语虽简，而能以理屈人。默默终日。莫能窥其迹，及奏事上前，群臣异同，公徐一言以定。”

王大伟翻译：

“王文正公，在日常交往中说话很少也不怎么爱笑。说话简单明了，但是能以理服人。有时候一天都不说话，所以也没人知道他内心在想什么。等到在皇帝面前讨论治国方针的时候，大臣们七嘴八舌，争得面红耳赤，王文正公最后发言，一语定乾坤。”

王文正公说话有四个特点：

一、与人寡言笑。

二、说话很少但能以理服人。

三、有的时候一天都不说话，别人不知道他想什么。

四、在决定大政方针的时候先听别人说，然后一语定乾坤。

对照王文正公，我们也可以说话加点规矩：

一、别一天到晚乱说话，嘻嘻哈哈的不好。要教育孩子：“病从口入，祸从口出 。”“良言一句三冬暖，恶语伤人六月寒。”

二、话别多说，简单的几句话抓住要点就行，一语中的。

三、言多语失。不要让别人知道你的心思。

四、在决策时，不要抢着发言。想好了几点，一语定乾坤。“水深流去慢，贵人话语迟。”慢是慢了点，但是还要敢说话！

过去我在国家机关工作，观察了周围很多的领导和同事。几十年过去了，不苟言笑的同事，一般都工作扎实，提拔得也快。而那些嘴上没点把门儿的，嘻嘻哈哈的，哗众取宠的，犯错误的可不是一两个。

真想把这点读书的小心得，告诉我的学生们，告诉我的小孙子……

◎ 衡量自己与衡量别人，要用两把尺子

我们经常遇到不讲理的儿女，不守信用的同事，缺斤短两的商人，背后攻击的小人。那么，是和他们绝交、还是保持容忍？

◆ 草莓的故事

有一次我去周边的小摊买了两斤草莓，我跟摊主交代帮我分两个塑料袋装。摊主却不耐烦地给我装到一个塑料袋里。我当时就很生气，决定再也不买他们家的水果了。后来几个月我从他的摊边儿走，就是不买。

现在想想，一是我狭隘了，修为不够；二是给自己找气生，何必呢？

◆ 律己与绳人的两把尺子

现在是下午三点半，阳光明媚，晴空万里。依靠在床上读古书，颇有收获。

“礼义廉耻，可以律己，不可以绳人。律己则寡过，绳人则寡合。”

王大伟翻译：

“礼义廉耻是道德的标准，可以用这四个字来严格要求自己，但是不要用这四个字来评价朋友。要求自己，就会少犯错误。评价别人，就会少交朋友。”

◆ 容忍与断交

日常生活中常常遇到这样的问题：我在不断反思和检点，可是朋友和亲戚却得寸进尺，蛮不讲理。这时候就出现了一个选择题，是和他断绝友情？还是容忍，继续合作下去？断交容易，容忍却难。

第一，断绝关系，或是针锋相对地斗争起来。这个确实能获得一时痛快，如果你有经济实力，你可以将对手打倒。但是别忘了，所谓的对手只是你的一个朋友，或是你的儿女。这样值得吗？我们经常看到：子女和老人不来往的，多年的朋友反目成仇的，这样做损失太大了。

第二，继续合作。这时候就要容忍，就要看到朋友或子女的长处。礼义廉耻四个字是一把尺子，不要拿它去量朋友，这把尺子只能量自己。古人说“不痴不聋，不做家翁”就是这个道理。

◆ “太和元气”

今天早晨起来，写了四个字：“太和元气。”又在周围画了桃花、菊花、牡丹、蝴蝶、甲虫……前前后后忙活了两个小时。然后到琉璃厂，花了 40 块钱把它裱起来，用这幅字来警示自己。不要一天到晚愁眉苦脸，不要一天到晚去找别人的不是，不要一天到晚憋着气，不要一天到晚活在忧愁之中。所谓的“太和元气”，就是春光明媚，就是满脸笑容，就是说什么都好，就是无私地帮助别人，就是桃花、杏花、菊花，就是蝴蝶、小鸟、甲虫。做到了这一点，胃口就好，睡觉也好，身体倍儿棒，吃嘛嘛香。这不就是人生的最高境界吗？

我一直怀念我的祖父。他为什么那么高尚，那么有涵养？其实世界上是没有圣贤的。所谓的圣贤就是源自后天的不断修养和反思。我现在都六十四岁了，做事还是那么幼稚，心灵还是那么崎岖坎坷。跟我的老祖父比起来，真是差距太大了。

如果我能活到八十岁，希望孙子能说，爷爷真有涵养。我知道要达到这个境界真是太难了。所以要不断地读书，不断地悔过，不断地反省……

第三篇

養生讀書

枇杷花底校書人

◎ 感到焦虑，那是幻觉

有专家说，二十年前时髦的话题是法律，十年前时髦的话题是心理，而现在时髦的话题是幸福。那么，什么是幸福呢？

◆ 胡九韶的故事

早晨七点起来看古书籍，有一个胡九韶的幸福故事：“九韶清福”。

“金溪胡九韶，从吴康斋学易。造诣洁修。家甚贫，课儿力耕。仅给衣食。每日晡，焚香九顿首。谢上天赐一日清福。其老妻常笑之曰：一日三食菜粥。何名为清福？九韶曰，吾幸生太平之世，无兵祸。又幸一家骨肉饱暖，无饥寒。又幸榻无病人，狱无囚人。非清福而何？予为童子时，闻长者谈此事。轧笑之。逮正德辛末，被华林之寇。已遭宸濠之乱[1]。避难山卯中，饥渴顿倍。至无所容身。开始信无韶清福之言。良然。”

王大伟翻译：

“金溪这个地方，有个人叫胡九韶，跟别人学易经，

1 宸濠之乱：明武宗正德十四年，朱宸濠发起的叛乱。

造诣非常深刻，人品也清廉。他家里非常穷，给儿孙们上课，半工半读，粗茶淡饭。每天吃饭时，上香拜九次神仙，谢上天给予一天的饭菜。年老的妻子笑着说，只是些蔬菜和粥，这就叫清福？胡九韶回答说：‘我们应该庆幸生活在太平盛世，没有战争。家人骨肉团圆，没有饥寒。还要高兴，床上没病人，监狱里也没有囚徒罪犯。这不是幸福吗？’我童年的时候，听老人们讲这些事，现在还记着。早年间有大的兵变，躲在山上没吃没喝。连个睡觉栖身的地方都没有，现在才感悟到：清贫就是幸福！”

这个故事告诉我们，清贫的生活也是一种幸福。做人要知足常乐，更要心怀感恩。

◆ 现代人理解的幸福

现代部分人所理解的幸福是什么呢？

一、亿万富翁。

二、豪车别墅。

三、美女妻子。

四、一夜暴富。

五、位高权重。

其实，清贫的幸福也是一种清福。

◆ 医院里之所见

前些日子到医院去看病，做了一个系统的检查。一共只有六个人检查，其中有三个是三四岁的孩子，都是脑瘤。有的头上有手术后留下的十几厘米的伤疤。有的在妈妈的怀里昏睡。家长们在讨论着孩子的病情，你们的孩子是什么病，你们在哪里租房子……听得我心里好难受。

这个时候一个三岁的孩子，踉踉跄跄地走到我跟前，靠着我的膝盖要和我玩，这是一个双目失明的孩子。因为眼睛看不见，所以走路就不稳。这时妈妈跑过来说孩子的眼睛还是能治的。我深深地为他们祝福……

从医院回家的路上，我在出租车里和司机谈这个事儿，心里真的很难受。与此相比，我们还会为自己的小逆境、小麻烦而感到忧伤吗？

◆ 全面的幸福

清朝有一本书叫《幽梦影》。里边有关于全面幸福的理解：

"生太平世，居湖山郡，官长廉静，家道小康，娶妻贤淑，生子聪慧。人生至此，可谓全福。"

你看，什么是真正的幸福？

好了各位朋友，高高兴兴地去上班，因为你保准生活在真正的幸福之中。加油！

◎ 对待嫉妒之心的五原则

我当了一辈子警察，研究发现嫉妒心是犯罪的动因之一。由嫉妒引起的故意伤害和杀人案件，绝不止一两起。

有一句时髦的话："羡慕嫉妒恨。"可见这是普遍现象。见到别人好，就产生嫉妒心。有的造谣生事，有的捕风捉影，有的煽风点火，有的落井下石……

今天看古书，有一个"顺风和逆风的定律"。所说的是，人在行船的过程中，别人顺风我逆风，本是大自然的无意安排，不必嫉妒。不久也会产生别人逆风我顺风的境界。

"乘舟而遇逆风，见扬帆者不无妒念。彼自处顺，与我何关？我自处逆与彼合与？究竟思之，多是自生烦恼。天下事大率类此。"

王大伟翻译：

"如果我坐船的时候遇上了逆风，这时见到旁边的船顺风而下，就会产生嫉妒之心。可是仔细想想：别人顺风而行，跟我有什么关系呢？而我现在处于逆境，又跟别人有什么关系呢？所以这是自生烦恼。其实天下的嫉妒之心无非都是这么产生的。”

那么怎么对待嫉妒之心？

第一，化仇恨为动力。看到别人提了处长，自己还是科长，就会产生嫉妒心。那不如自己下定决心咬紧牙关，好好工作。这是正能量，时间长了领导自然会器重提拔你。如果把嫉妒变成仇恨，打小报告、使阴招，最后吃亏的一定是自己。

我小的时候身体不好，上不了体育课，也参加不了文体活动，自然当不了班长和学习委员。那怎么办呢？可不能羡慕嫉妒恨，而是自己退出来，什么话也不说，一门心思读书，结果不久学习成绩就是班里，甚至年级前几名。最后，高中毕业的时候，一举考上了大学。那一年我们学校考上大学的人是凤毛麟角，我反而成了大家羡慕的对象。

第二，虚心学习。别人工作做好了，受表扬披红挂彩，不要嫉妒。想想他为什么做得好？仔细研究找出原因。虚心向同事学习，这样进步就会更快。

比如说你讲课讲得好，别人就会请你去讲课。有的老师有名气，被聘请讲课的次数就多。你要是只会生气嫉妒，一点儿用也没有。不如拜那个有名的老师为师，虚心学习。

第三，敢于舍弃。比如说别人做了官，你别嫉妒。你是个科研人员，就把科研工作做好。三百六十行，行行出状元。等你得了科技奖，别人也会羡慕。现在官本位思想盛行，你要是真的把官丢了不干了，一门心思搞科研，没准你就成了“屠呦呦”或者是“钟南山”了！

第四，取长补短。兔子的腿短，不用羡慕仙鹤的腿长。老鼠的耳朵小，也不用记恨兔子的耳朵长。天生我材必有用。只要安心走自己的路，认真工作，就会形成特长，发扬特长。

抗美援朝战争中，人家有美式的飞机大炮，制空权和制海权。可是中国人民志愿军，有顽强的意志和不怕死的精神，最终打败了美国侵略者。

第五，大器晚成。“桃花三月放，菊花九月开，同在一块土，命运自安排。”你没有成功，只是时机还没有到来，不妨潜伏爪牙，卧薪尝胆，十年生聚、十年教训。

你看现在报道的有些科技班的神童，很小的年纪就考上了名牌大学，反而长大后有的出家了，有的甚至走上了犯罪的道路。做科学统计的学者发现，大部分人都是在中老年以后才获得成功的。像陈景润破解“1+1”，屠呦呦发现青蒿素。所以在耐心等待的同时，不忘初心，艰苦奋斗，也是非常重要的。

◎ 做官和平民的两丸灵丹妙药

小时候，有一个很有名的药 —— 牛黄清心丸。其实不管是做官还是当老百姓，都有两丸灵丹妙药，包治百病。

这是古书中的两句话：

“清心省事，居官守身之要。”

无论是做官，还是平民的自我修养，都有两个很重要的标准。

第一个是清心。这个“清心丸”，包治“心情浮躁，压力过大，抑郁焦虑，找不着北”。

让心里干干净净，“洛阳亲友如相问，一片冰心在玉壶”。没有藏着掖着，没有见不得人的，没有邪恶与计谋。

为什么要清心？现在生活节奏快了，人心也很浮躁。老盼望着能挣大钱，晋升快，孩子能上重点小学，买股票可以涨，能住上大房子……

欲望多了，压力就大；压力大了，心情就差；心情差了，各种疾病就缠身了。

我当了一辈子老师，而且还是个最普通的老师。连个科长都没当上，可是活得平淡却充实。

你要是去开个会，都是按官的大小排座次。20 多岁的小姑娘，30 多岁的小伙子都排在前面。我这 60 多岁的老头往往都是坐在最后一排。可是这又怎么了？以平和的心态对待，就不会有什么坏情绪。

第二个是省事。这一个“省事丸”，专治心火烦躁，不会做人，见异思迁，心神不定，多一事不如少一事。

当年摄政王载沣，丢了大清朝，高兴得不得了。偷偷乐着说：“这下可以和孩子们一块儿好好玩了。”摄政王载沣有句名言：“有书真富贵，无事小神仙。”这就是他的生活目的：“多读书，少惹事儿。”

有人说载沣胸无大志，那是冤枉他了。他 18 岁时，不卑不亢，气宇轩昂，代表大清朝上德国谢罪。德国皇上让他下跪，他坚决不跪，并说了一句名言：“你要是让我下了跪，这事儿传出去，欧洲各国的皇上都不会拿正眼瞧你！”

后来摄政王的儿子溥仪当了皇上，还当了伪满洲国的所谓执政。摄政王载沣坚决不到伪满洲国去，保存了民族的大义和气节。

清心和省事，真的是修身养性的法宝。不信你试试。

第一，千万别“脚踩两只船”。你要是个读书人，是个老师，你就做好老师的工作，别老是想着去当校长。但是要当天下闻名的好老师，要有向上的目标。

第二，千万别“焦虑抑郁”。现在有焦虑和抑郁心理障碍的人特别多。据说好多名人都在服用治疗焦虑的药。把所有的事儿都想开。当不了大树就当个小草，但一定要当一棵快乐的小草。

第三，千万别“惹是生非”。家里头要一团和气，单位里更要风清月明。千万别没事儿找事儿。

第四，千万别“发火生气”。你要想发火了，就赶快回自己房间把门关上。想不通了，赶快关上门睡觉。不管多大的火，第二天早晨基本都能烟消云散。

我这一生，当了一辈子老师，写了六十余本书。做了几千场电视节目。我也没想着当官，也没想着吃好的穿好的。

我吃饭都是站着，简单吃两口就算完事儿。买衣服就是一条：“姑娘我要买最便宜的那一件。”别说惹事儿了，见了人都自卑躲着走。朋友在前面，我就放慢脚步跟在后面。

“志闲少欲，心安不惧，气从以顺，各得所愿。若有私意，若有已得。”这是说的“清心丸”的秘方。

“天下本无事，庸人自扰之。”这是说的“省事丸”的秘方。

你要是能做到这两点，做学问会大有长进，做官会平步青云。教育孩子，也会有更大的进步。

不信你就试试。祝福。

清心省事居官守身之要、

無欲則所行自簡、

居官者切不可厭煩惡事苟視民之寃抑、一切不理、曰

道光庚寅最樂編原書

◎ 观人，观弟子，观家门兴旺之秘诀

“忠厚传家久，诗书继世长。”

我山东老家有句俗语：“家门旺，看子像。”就是说，要预测一个家是不是兴旺，就看看孩子长什么样。这里的看孩子长什么样，不是说长得俊丑，而是看他干什么。孩子爱读书，就是家里兴旺发达的标志。

这些天，因病困在家里，认认真真地读了几本书。这些书有：《郑板桥诗集》《纳兰诗集》《最乐编》《史记》《寿世保元》……

我想问你一个小问题：“年轻的朋友，这些天，困在家里，你都干了什么？”

a. 做饭，洗衣服，收拾家。

b. 认真地读了几本书。

c. 通宵打游戏，或是打麻将。

d. 睡觉，发呆，焦虑。

这一家里有几口人，爸爸妈妈，儿子女儿，各有各的活法，各有各的选择。“有人爱八戒，有人爱孙猴。”但是，如果家里有个读书的年轻人，我就会敬佩他，我觉得他最有希望。

早晨起来读道光年间的《最乐编》，里边有这样一

段话，发人深省：

“倪文节公云：‘松声，涧声，山禽声，夜虫声，鹤声，琴声，棋子落声，雨滴阶声，雪洒窗声，煎茶声，皆声之至清也。而读书声为最。闻他人读书声，已极可喜，更闻子弟读书声，则喜不可胜言者矣。’

天下之事，利害常相伴。有全利而无少害者，唯书。不问贵贱，贫富，老少。观书一卷，则有一卷之益；观书一日，则有一日之益，故有全利而无所害也。”

王大伟翻译：

“古代有个圣人说过，人间有各种声音：山里的松涛声，山涧的流水声，早晨可以听到山里的鸟啼声，晚上可以听到草丛里的虫鸣声，当然最文雅的是鹤鸣声，遥远的抚琴声，对弈落棋的声音，夏雨滴答在台阶上的声音，冬雪落在窗户上的声音，煮茶时沸腾的声音，这都是声音里最奇妙的。但是，最美妙的还是读书的声音。我听到别人读书的声音，就感到特别高兴。而要是听到孩子的读书声那就更高兴了。

天下的事情有利就有弊，利和弊是相生的。但是有一件事情，只有利没有弊，那就是读书。不管是穷人还是富人，老人还是孩子，高贵的人还是一般的人，读一本书就有一分收益。”

困在家里五十多天，对每个人来说都是个试金石。特别是孩子，更是从习惯和行为上，可以分出个高低来。

有的小朋友六点就起来晨读，读古诗、读散文。有的小朋友，下午一点才醒，晚上不睡觉，打游戏。有的年轻人，干脆甩开膀子打游戏，玩通宵。还有一些五六十岁的中老年人，相约用手机打牌，上网打麻将，忘了吃饭和睡觉。

中老年人咱就不管他了，能快乐地生活也是好的！但是孩子的区别就大了。

我总认为，早晨起来晨读的孩子，长大了一定有出息。而那些睡到中午才醒的孩子，生活习惯不好，学习习惯也没有养成，将来上小学、上初中都要吃亏的。

听到孩子的读书声，就是整个家族的希望。这是人间最美好的声音，是一个家庭最有效的投资，是一个家庭兴旺发达的号角。

一个家庭是这样，一个民族更是这样。

◎ 生老病死，时至则行

听说好多教别人养生的专家，寿命都不是特别长。

今天，躺在床上看书，看的是《遵生八笺》，里边有这么一段话：

“裴忠利不信术数，每与人曰：鸡猪鱼蒜，逢着则吃。生老病死，时至则行。”

王大伟翻译：

“古代有个人叫裴忠利，他不相信长生不老的术数。他有一句名言：无论是小鸡儿、小猪、小鱼儿还是大蒜，只要我遇上了都可以吃，从不忌口。至于说生离死别，各种疾病，来了就来了，坦然处之。还有死亡，只要那个时间到了，我就欣然踏上归去的道路。”

我在英国念书的时候，英国老太太常说一句话：“His time is coming.”意思就是说那个人的大限已到。现实生活中我们都在追求长生不老的秘诀。但究竟哪个对，哪个错呢？其实不必太认真。

中国有一位很有名的医生，我们都尊称他洪教授，我们两个人曾经做过一期节目叫“小口诀，大智慧”。洪教授，把很多养生的小道理，都编成口诀朗朗上口，成了我们那个时代的名医。

洪教授有一句名言：“我调查了100位百岁老人。主要是两个问题，一个是运动，另一个是饮食。”

关于运动。我问一位老爷爷：“您活了100岁，平时做什么运动啊？”老爷爷说：“90岁了还骑自行车。”又问另一位老爷爷：“您做什么运动？”第二位老爷爷说：“40岁就躺在床上不动了。”

关于饮食。我问一位老奶奶：“您活了100岁主要吃什么？”老奶奶说：“吃了一辈子素，所以活了100岁。”我又问另一位老奶奶，老奶奶说：“顿顿都得吃肉，不吃肉受不了。”这位老奶奶也活了100岁（大意如此，不是原话）。

所以长寿的结论，有的时候也不能全信，只是按照自己调养的方式去做，适合自己的才是最好的方法。

一方面，年轻人一定要养成良好的卫生习惯，这是非常重要的。小时候小学老师就教我：“一寸一尺一拳。”就是说小朋友写字的时候，笔尖离手要有一寸长，眼睛离书本要有一尺长，胸脯离桌子要有一拳距离。就是因为老师这句话我到现在也没得近视眼，射击能打98环。

年轻人少喝可乐，少吃快餐，少玩游戏机，少熬夜。这些好习惯，从小就要养成。当爸爸妈妈的一定要管住孩子。

而中老年人更要注重保健，比如说糖尿病，“管住嘴迈开腿”，都是金科玉律。

邻居老爷爷，是位有名的医生。他近三十年没去体检过，享受着高级干部的体检待遇，可他从来都不去。

老爷爷已经90多岁了，有几十年的糖尿病，可是却偷着吃冰糖，别人问他："您不要命了吗？"老爷爷笑着说："你倒不吃冰糖，你能活到90岁吗？"

所以关于长生的秘诀，既要相信，也不能生搬硬套。这里边有一些规律，一定要遵守。心胸豁达才是养生的第一要旨。古人说："遇饮酒时须饮酒，得高歌处且高歌。"该拘谨的时候一定要战战兢兢，该阔达的时候，不妨"春风得意马蹄疾，一日看尽长安花"。

一点小体会。祝福大家长命百岁。

張飽帆于大江、馳駿馬于平陸、天下之至快、反思則憂

處不爭之地、乘獨後之馬、人或吾嗤、樂莫大焉、

道光庚寅、最樂編原書

◎ 不点破是大智慧

对待小偷，大家都是深恶痛绝。所以网上经常会曝出个小偷被打伤或者打死的新闻。

◆ 吴先生和偷栗子的人

今天看古书，我看到另一种对待小偷的态度，不妨给大家分享一下：

“孝丰吴封君，南山公之父，讳珏，厚德长者也。一日自外归过其别墅。望见栗园中有人正在树偷栗，迺亟勒马转迂路三四里抵家。语内人以其故且曰：‘设我过而彼见之，必仓皇坠地，非死则重伤矣。今恣其所取损我能几何哉？’即是一端，其仁厚类可想见。”

王大伟翻译：

“南山公的父亲，名字叫吴珏。是一个道德高尚的老者。有一天骑着马从外面回家，正好路过自己家另一所别墅，看见有人正在树上偷板栗。老先生突然勒马绕过，走了三四里才到家。家里人问他为什么回来得有点晚，他说：‘我刚才看见树上有人，假如我再往前走，偷板栗的人看见我就会吓一跳，从树上掉下来，非死也是重伤。而我绕远道又能损失多少呢？’这就是为人之道，可以看出老人的仁厚之心。”

吴先生是个心地善良的人。为什么这么说呢？我想他看见的那个偷栗子的人，多半是半大小子，可能十来岁。他是怕孩子掉下来摔坏了。孩子偷栗子，也造成不了多大损失。用现在的话说也不够“立案标准”。

所以基于这三个判断，吴老先生多走了三里路。让那个孩子“偷”了几个栗子，高兴了一回。

你说我支持还是反对这件事儿？我不好表达。但我从心里觉得吴老先生是个大好人。

◆ 家里种的扁豆

小时候我家种了一片扁豆，藤蔓上挂满了像耳朵那样的扁豆。有个邻居老奶奶从旁边走过，摘了满满一手绢，拿回家了。我当时很不理解。

我跟姥姥说：“她为什么拿咱家的扁豆呢？”姥姥笑笑说：“人家拿咱家的扁豆是看得起咱家，因为咱家的扁豆长得好呗！”这句话我记了整整快六十年了。

◆ 青少年罪错

我年轻的时候，在日本念书。向日本人宣传了当时我们国家的刑事政策。对于青少年犯罪，要有三个“一样”，即像父母对待子女一样，像老师对待学生一样，像医生对待病人一样。我们的这项政策在国际上得到了广泛好评。

对待青少年的犯罪，日文不叫犯罪，而叫“罪错”，英文也是这种叫法。其实孩子，不够刑事责任年龄，那不叫犯罪，叫“罪错”。

我认识一个有名的女法官，大家都管她叫“法官妈妈”。她在判案中既严格执法，又能照顾到未成年人的心理特征和其他特殊性，受到了大家的一致好评和拥戴。

◆ 法律是道德的底线

其实很多事情，不是一定要运用法律才能解决。而法治的基础正是道德的完善。比如说：邻居家的孩子和自己家的孩子发生争执，不要“护犊子”。最好先弄清楚事情的原委。对于校园暴力要严厉惩罚，可是幼儿园的小朋友打打闹闹那可不是校园暴力。给被打的孩子买个玩具，让两个小伙伴做好朋友那不是更好吗？

有的时候看破了，不一定要点破。如果是小事一件，也就不一定要说出来，这才是大智慧。当然对待严重的刑事犯罪，一定要依法惩处绝不姑息！

现在想想我小时候也做过很多错事。那时候上山去耕地，满山的栗子树下，散落着很多栗子。我就把两个裤兜都装得满满的。

现在想想，是不是应该把这些树下的栗子都捡起来，上交到生产队里？如果当时，树底下走出一个老爷爷，非得说我是偷栗子，或者说我“薅社会主义的羊毛”，把我扭送到公安局去，是不是我就不会有今天了呢？

无论如何，一颗善良的心，是比金子还宝贵，比水晶还透明的。

老了才悟出这些道理。“说与旁人浑不解，杖藜携酒看芝山。”年轻的朋友们，你们怎么看？

◎《枕中方》中的九句大实话

早晨五点醒了，烧了一壶水，看古书，也有心得。看会儿再睡个回笼觉。

《枕中方》曰：“颐养之道，勿久行，久坐，久卧，久言。不强饮食，亦忘忧苦愁哀。饥即食，渴乃饮。食止行百步，夜勿多食，凡食后行走约过三里之数，乃寝。”

王大伟翻译：

古时有个名著叫《枕中方》，告诫人们养生的道理：

1. 走路不要走得太远。
2. 坐着的时间也不要太长。
3. 躺在床上的时间也不能太长。
4. 说话多了也不好。
5. 不饿就不用吃饭。
6. 要把生活中的忧愁和烦恼都忘掉。
7. 饿了再吃饭，渴了再喝水。
8. 晚饭要少吃。
9. 吃完饭后要走 1500 米，才能睡觉。

这是古人关于养生的九句大实话。虽然听着不新鲜，但是句句在理，句句实用。

第一句，走路不要走得太远。干什么事情要量力而行，别累着。我们老家有句话：“凡事躲避着。”你能扛 50 斤，就千万别扛 100 斤。一根木头扛不动，就找两个人抬着走，千万别逞强，闪了腰，得不偿失。

第二句，坐着的时间也不要太长。现在有个富贵病，就是久坐不动。上班看报纸开会，下班打麻将。裤腰太粗了，过了三尺长就有危险。有专家说，坐的时间长了容易得直肠、结肠癌。就是运动少，血脉也不流通。

第三句，躺在床上的时间也不能太长。有的人躺在床上不爱动，躺着看电视、打游戏，甚至吃饭也在床上。这样身体就好不了。你知道吗？世界上最危险的地方就是床上，80% 的人都死在床上。

第四句，说话多了也不好。言多伤气，这是我们当老师的最大的忌讳。古语说：“人说千句，不死自伤。”乾隆是中国古代皇帝中最长寿的人，活了八十八岁。乾隆说：“食不言，寝不语。”这都是大智慧。

第五句，不饿就不用吃饭。一天三顿饭要有时间，不按点吃饭，容易生胃病。但是如果到了吃饭的时候没有食欲，就不用强迫自己吃，稍微吃几口。古训：“一顿吃伤，十顿喝汤。”

第六句，要把生活中的忧愁和烦恼都忘掉。这是至理名言。早晨醒了，想好的事情。坏的事情就把它忘了。晚上睡觉的时候，盘点一天的好事儿，忘却一天的烦恼。如果明天要考试、要面试、要见丈母娘，就拿支笔写自己十条优点，写完了自己心里就高兴。年轻的时候考雅思，在英国使馆考，到了夜里一点还睡不着觉，精神紧张。

于是起来打开灯，找了一张纸写了自己十条优点，比如说自己住的地方离英国使馆不太远，早晨起来还有早饭吃等，写完了就高兴地倒头就睡，第二天考了好成绩，得了7分。

第七句，饿了再吃饭，渴了再喝水。不饿就不用多吃，不渴就不用多饮。凡事不强迫自己，顺其自然。饿上一顿也没什么了不起。多吃蛋白，多吃蔬菜，少吃点主食。

第八句，晚饭要少吃。俗话说“晚饭少吃口，活到九十九”。甚至有些人，晚饭就喝碗稀粥罢了。不要把晚饭当正餐。早饭要精致，午饭要丰富，晚饭要少吃一口。这都是人们总结出来的经验。

第九句，吃完饭后要走1500米，才能睡觉。吃完饭以后，休息一会儿，可以走一走，不急不慢，看看河边的风景，走一走消化消化食儿，如果实在不想走也别勉强自己。运动这件事，也不能强迫自己。有人说一天要走一万步，才能长寿。可是现在证明，四五千步也可以，适合自己身体的就是好的。

年轻的朋友们，你们知道吗？真理都是朴素的，都是简单易行的。据说有个国家，生产的玻璃里总是有气泡，就到法国去购买专利，花了300万元，买回来一个信封，打开一看，信封里只有两个字——搅拌。原来，玻璃做好了使劲搅拌就没有气泡了。你看，真理都是简单可行的大实话。

你要是把这九句话贯彻落实了，你一定会有个好身体。

◎ 十种最欢乐和幸福的事情

今天还看古书《遵生八笺》，里边有“齐斋十乐”，就是古人认为最欢乐的十件事情：

“读义理书，学法帖字。澄心静坐，益友清谈。小酌半醺，浇花种竹。听琴玩鹤，焚香煎茶。登城观山，寓意弈棋。十者之外，虽有他乐，吾不易矣。”

王大伟翻译：

古人有十种最欢乐的事情：

第一，读义理书。阅读具有正能量、教你做人的书。读书应该是人生最幸福的一件事情，摄政王载沣，也就是末代皇帝溥仪的父亲，清朝退位以后，他反倒高兴得不得了，曾说过一句话：“有书真富贵，无事小神仙。”清朝的皇家书法家成亲王[1]，也说过一句话：“略翻书数则，便不愧三餐。”我们平常人，读书是最健康的一个爱好。至于我们的孩子，只要他爱读书，就一定会有出息，这是颠扑不破的真理。

第二，学法帖字。按照古代名人字帖，学写毛笔字。成人的自我修养，最可以养心入静的就是练书法。而对

1 爱新觉罗·永瑆（1752—1823），号少厂，别号诒晋斋主人。清高宗爱新觉罗·弘历第十一子。

于没有爹可拼的孩子，教育最好的方法就是让他读书写诗，学习书法。“穷文富武。”如果家里没有条件，报不起马术班、跆拳道班，那你就让孩子去练书法，一定要相信我，孩子将来定有出息。

第三，澄心静坐。心里什么都不想，安静地坐一会儿。静坐的好处是可以练气功，我小时候身体不好，爷爷带我去拜王芗斋的女儿为师，学形意拳，核心的内容就是站桩，不管是走着、坐着、躺着都能练站桩。站桩有“降龙式”“伏虎式”，站桩居然把我的病都治好了。真是一个奇迹。

第四，益友清谈。和有知识的朋友，谈点人生浮事。和朋友倾谈，也是很惬意的事。“谁是谁非我不管，花开花落我关心。”朋友之间的谈话，不必多高尚，也不必给人什么劝导，也不必有什么收获。“因过竹院逢僧话，又得浮生半日闲。”

第五，小酌半醺。喝点小酒，但不要醉。有人愿意喝点小酒，也不是什么了不起的事，不要喝醉了耍酒疯就行。不过我们家五代中也没有一个人会喝酒，我是不让儿孙学喝酒的。

第六，浇花种竹。浇浇花，养养竹子。养养花、种种竹子，都是文人的高雅事情。“宁可食无肉，不可居无竹。”“半榻有书邀月共，一春无事为花忙。”我的老父亲九十多岁了，阳台上都是花。

第七，听琴玩鹤。安静地听别人弹琴，然后给养的仙鹤喂点儿食。古琴和古筝比起来，古琴声音小，不影响邻居，所以，比弹古筝要高雅。养仙鹤那就更高雅了。

你知道林和靖的传说吗？叫“梅妻鹤子”。林和靖去世的时候，他养的仙鹤都悲痛地绝食而死，他养的红色梅花，一夜之间都变成了白色，为主人披麻戴孝。

第八，焚香煎茶。煎茶喝茶的时候，点上一炷清香。喝茶叫茶道，焚香叫香道，插花叫花道。古人喝茶是很有仪式感的，喝茶之前先要上一炷香，不光是喝茶，弹琴也是一样，所以才有了“琴罢焚香”的典故。

第九，登域观山。到古代的城墙顶上远眺群山。还记得那首古老的歌吗？长亭外古道边，夕阳山外山。登高远望，念天地之悠悠，独怆然而涕下。

第十，寓意弈棋。认真和朋友下一盘棋。我希望孩子们学下棋，首先是围棋，其次是象棋。小时候我生病住在医院里，就和病友学会了下象棋。我这一辈子什么娱乐都不会，就是勉强会下点象棋，还背过棋谱。为什么要教孩子下棋呢？因为下棋可以使孩子们躲过 iPad，电脑和电子游戏。你知道吗？网络成瘾又叫“电子海洛因”，70% 以上的青少年犯罪，直接间接地和网络成瘾有关。

“从善如登，从恶如崩。”如果你有这十种高雅的爱好，如果你能教孩子这十种高雅的爱好，也许你这一生并不是大官、大款，但一定是一个受人尊重，让人背后竖大拇指的好人、高雅的人、脱离了低级趣味的人！

古人云禍莫大于縱己之欲惡莫大于言人之非又云
以言傷人者利于刀斧以術傷人者毒于虎豹、皆名
言也

道光庚寅最樂編原書

◎ 古人应对瘟疫和灾难的秘密药方

今天闲着没事，在家里看一本古代的医书《寿世保元》。第四册上有个药方，还是个秘方，名字叫“防俭饼”，是古代人应对瘟疫、灾难和饥饿的秘方。现在看看挺有意思。

这个秘方由四种食物组成：栗子、红枣、胡桃、柿饼。把这四种食物的内核都去掉，皮也去掉。然后放在石头的臼子里捣碎。做成像砖头那么大的一块饼，晒干，就成了应对灾荒的食物，有点像现在的军用压缩干粮。

《寿世保元》里边记载了一个故事，有一个小和尚，每天出去化缘，要来几个钱就买这四样果品。积攒多了就把它们放在臼子里捣碎，做成一块压缩的“砖头”，然后用纸包好晒干。这样时间长了柜子里就存了很多这种“砖头”。一两个月拿出来晒一次。最后你猜怎么着？他用这些“砖头”在院子里砌了一堵墙，谁也不知道他想干什么。

有一年闹大灾荒，别人都逃跑了，饿死了，只有小和尚在寺庙里。他不慌不忙把那垛墙拆下来，把这些果品做的“砖头”分发给大家度过了灾荒。

这是个非常有意思的故事。通过这个故事，有这么几个收获：

第一，知道了古代人应对瘟疫、灾难和饥饿的秘方，还知道了它的制作方法。

第二，知道了在古代人们就有防范的意识，并且切实做了很多工作。这就是现在说的预防为主，未雨绸缪。

据我姥姥说，过去山东有好多土围子，就是村子外边的土城墙，那是防土匪的，也有防日本鬼子和汉奸的。土围子的墙里面有秘密。有的墙里边，是用稻草和栗子砌成的。一旦遇到了灾荒和战争，把墙扒开一点就可以吃到栗子。而且，稻草和栗子混在一起再放点石灰是不容易变质的。

现在物质条件好多了，科学技术也发达了，很少有人想到为了应对风险，防止瘟疫要早做准备了。这些准备包括：吃的喝的，日用的，口罩、防护服，还有药品等。

我们已经取得了抗击新冠肺炎疫情的决定性胜利。但是疫情过后，我们这个民族更要反思，想想我们要做什么样的准备，做到未雨绸缪。

淡然一笑。

◎ 好大的官威

今天看古书，有一个“到官家田野里拾麦穗”的故事：

“沈龙江云：仕宦居家，被人侵入侮，故亦偿有之是事。然毕竟是我好处。若是人望影远避，无敢收田中一穗者，虽是快意，其为人可知矣。”

王大伟翻译：

“过去有个人叫沈龙江，说过一段话：做官的人家，被别人欺负的小事儿也是常有的。我觉得这没准是好事。如果人家看见你们家是做官的，深宅大院，都不敢到你家的麦田里去捡麦穗儿。你虽然因为威严而高兴，但是你为人的口碑，从此也可以知道。”

别人家的孩子，都不敢到你家的田地里捡拾个麦穗儿，你是有官威了，但口碑就差了，潜在的危险就多了，这就是辩证法。

现在闭上眼睛，就能想到五六十年前的山东小渔村。每到下午四点，村头的钟声就奏响了，我就会拿着一个小篮子去生产队等着分鱼。生产队有一副渔网，每天能打二三百斤鱼，每家都有一份，不要钱。有大鲅鱼、墨斗鱼、螃蟹、大对虾。在分的过程中，看见好的大的鱼，就扔在一边儿。等分完了，这些好鱼好虾，第一不会送给队长，第二不会送给能吵能闹的强人。这些好鱼好虾，就送给村里的那些孤寡老人，还有孤儿寡母。

想到这一幕，现在还是很感动的，我淳朴传统的故乡，是一个无言的教师，告诉我这个七岁的孩子怎么去做人。

◎ 十种病无药可医

今天看古书，里边有这么一个命题：有十种“病”是无法医治的。那么是哪十种病呢？

《病有十不治》

操欲慆淫，不自珍重，一也。

窘苦拘囚，无潇洒之趣，二也。

怨天尤人，广生烦恼，三也。

今日预愁明日，一年常计百年，四也。

室人噪聒，耳目尽成荆棘，五也。

听信师巫祷赛，广行杀戮，六也。

寝兴不适，饮食无度，七也。

讳疾忌医，使虚实寒热妄投，八也。

多服汤药而涤肠胃，元气渐耗，九也。

以死为苦，与六亲眷属常生难割舍之想，十也。

王大伟翻译：

有十种病无药可医：

1. 放纵欲望，不知珍重的。

2. 过分谨慎，没有一点潇洒气概的。

3. 怨天尤人，充满怨恨和忧愁的。

4. 今天焦虑明天，在一年里把一百年的焦虑和忧愁都考虑到的。

5. 家里有个碎嘴子，一天到晚唠叨，把人的耳朵都磨出茧子的。

6. 听信巫师的迷信思想，残杀生命，罪孽深重的。

7. 不按时睡觉，吃饭不知节制的。

8. 有病也不看，还怕见医生，或者是自己偷着开个药方，把虚实阴阳都搞错的。

9. 一天到晚喝汤药，把肠胃都给喝坏了，使元气丧尽的。

10. 该走的时候舍不得撒手，骨肉亲情难舍难分的。

对照这十条，发现我的问题很多，归纳起来可以有三个方面：

首先，心理疾患。第 2、3、4 条，我都沾点边儿。对自己过分约束，没有潇洒的气质。“人生不满百，常怀千岁忧。”有一定的焦虑倾向，这个必须改进。

前两年，都六十多岁了，还给自己加码，每年要出五本书。这不是画地为牢，给自己套上枷锁吗？

其次，生活不规律。第 7 条我也中了。晚上睡觉太晚，而且吃饭不规律。不注重营养，一个玉米饼子一碗鸡蛋汤就是一顿饭。这样时间长了身体就垮了。

跟现在的年轻人比，我们“50 后”这一代人太不注重饮食了。小时候妈妈要是炒两个菜，爸爸就生气，必须收起一个菜，一顿饭只能吃一个菜。这个习惯是从小养成的。

最后，医疗态度。第 9 条过度服药，成了药罐子，身体的元气彻底破坏。我虽然不怎么吃药，但是过度担心疾病也不是好习惯。

所以年轻的朋友，从今天开始：

一、让所有的忧愁烦恼都随风而去。

二、晚上十点准时睡觉，没事弄点儿好的吃。

三、有病就去医院看看，但不用一天到晚疑神疑鬼，尽量少吃药，“是药三分毒”。

◎ 五种长寿的人

现在大家谈长寿，无非是谈饮食和锻炼。很少有人谈到性格气质与长寿的关系。

今天看古书，有这么一段话，很有意义，使我眼前一亮。

吴文正公曰："尝试观天下之人，气之温和者寿，质之慈良者寿，量之宽宏者寿，貌之重厚者寿，言之简默者寿。"

王大伟翻译：

吴文正公说过一句话，我尝试着看天下的人，发现有五种人长寿：气质温和的人；心地善良的人；心地宽厚的人；相貌沉稳的人；沉默寡言的人。

第一种，气质温和的人。温文尔雅君子也。说话办事不紧不慢，不怎么发脾气，也不爱吵架。

人老了以后，千万不能生气。有一个教授和儿子吵架，吵架过后一个小时，突然头晕，左胳膊也麻了，这是中风。所以，气质温和的人不容易中风。

不生气的人，血压一般不会特别高，不紧张的人，血糖一般也不会应激增高。我看到一篇报道，说带三岁孩子的姥姥容易得糖尿病，因为老是担心孩子摔着，担心孩子走丢了，所以血糖就高。经常紧张和焦虑的人，还容易患胃溃疡。

第二种，心地善良的人。心地善良，爱老怜贫，喜欢孩子，为别人着想。

心地善良的人，心里就不会有过多的阴暗和拧巴。在帮助别人的过程中，自然也增强了自己的心理满足感，对人对家庭对社会都做出有益的贡献，心里就自然知足常乐。

第三种，心地宽厚的人。“退一步海阔天空，忍一时风平浪静。”“心中无崎岖波浪，眼前皆绿水青山。”

第四种，相貌端庄的人。说话办事有礼貌，矜持庄重。所谓的“相貌宽厚”，就是说话也慢，走路也慢，决策也慎重。这样的人少犯错误，少走弯路。人生中就避免了大起大落的风浪，健康也会好一些。我看好多老中医，好像长得都是这个样子，特别有范儿。

第五种，沉默寡言的人。“人说千句，不死自伤。”话说多了就会伤气。当老师的都有慢性咽炎或支气管炎，再往下发展就是肺心病。

所以咱从今天起，心地宽厚一点，为人善良一点。坚决不吵架，坚决不生气，坚决不焦虑，坚决不犹豫，能帮别人咱就帮一把，帮不了别人咱就夸人家一句。你要是这样做，没准儿就能长命百岁。

我做了一辈子警察，教大家防范各种侵害。我曾提出过一个观点：“不仅有生理的养生，还有平安、遵纪守法的养生。”

上面这五种人，心地平稳善良，自然少惹是非。骗子也罢，坏人也罢，想去侵害他们也找不着门路。这些人自然心宽体胖，享寿百年。

所以，脾气好，禀性好些，修养好些，不光是为了别人和社会，也是为了自己的健康和长寿。

◎ 三种影响健康的坏习惯

真理是简单的，长生不老药是没有的。

孔子家语曰："人有三死，而非其命也，己自取也。夫寝处不时，饮食不节，劳逸过度。三者疾共杀之。"

王大伟翻译：

孔子家语里有这么一段语录：人有三个坏习惯会导致死亡，并不是命运的安排，是自找的。第一个不按时睡觉，第二个不注意吃饭，第三个劳作和休息过度。这三个坏习惯必然导致疾病，夺取人的性命。

人要活得长久，要遵循三条。

◆ 早睡早起身体好

按时睡觉是养生长寿的第一法则。我的老家是长寿之乡，八九十岁的老人比比皆是。令我吃惊的是，这里很久没有电灯，炒菜没有油，医疗条件几乎为零，可是为什么却是长寿之乡呢？过去农村没有电，所以很早就睡觉。"日出而作，日落而息"。所以每天要保证八个小时以上的睡眠。

现在的孩子打游戏机玩电脑，半夜两点还不睡觉。网络成瘾的孩子身体是不健康的。

◆ 注意饮食

均衡饮食是养生长寿的第二法则。姥姥家在山东莱州，是个小渔村。生产队里有一条渔船，每天能打 300 斤鱼虾。每天太阳落山的时候，村头的钟声就奏响了：分鱼了。那时我 7 岁，拿着小篮子去分鱼，会免费领取两条黄花鱼，或是大鲅鱼。有的时候拿水桶去领墨斗鱼，鱼都是活的，墨斗鱼的吸盘会紧紧地吸在水桶上，拽都拽不下来。

所以，姥姥家的主食就是玉米饼子，菜就是红烧大鲅鱼、水煮墨斗鱼、清蒸大螃蟹。现在想想，这是不是最理想、蛋白质最高、最符合养生之道的饮食呢?

所谓的“饮食有节”。绝不是一味地少吃，而是要有营养。无论是孩子还是老人，蛋白质、维生素、适当的糖分都是生命的必需。所以节食一定要注意营养，而不是一味地少吃。

◆ 避免劳逸过度

“什么事情都不要做过头”，这是养生的第三个法宝。躺久了、坐久了都对身体不好。劳动可以长寿，但是劳作过了头也是伤身体的。我们小区里，那些运动健将到老了，反而坐轮椅的多、长寿的少，就是体力被过度透支了。

所以，各位朋友，麻烦您把这三句话记下了。从今天起，争取做到三件事：

一、晚上十点半睡觉。少打游戏机，早睡早起。

二、不要大吃大喝。饮食稍微节俭一点，但是一定要注意营养，早晨起来，牛奶鸡蛋，都不要少。

三、干什么事情都不要过度，适可而止。千万别熬夜，千万别吹嘘自己的身体好。能扛 50 斤千万别扛 60 斤，累了就睡，饿了就吃，渴了就喝，病了就休息。

寇萊公六悔銘曰：官行私曲失時悔，富不儉用貧時悔，藝不少學過時悔，見事不學用時悔，醉後狂言醒時悔，安不將息病時悔。

道光庚寅最樂編原書

◎ 一种不为人知的高雅——古琴

小时候，是没钱买好乐器的。我当时有两个乐器：一毛钱的笛子和两块五毛钱的二胡。我多少有点儿音乐细胞，多复杂的交响乐，我听上两三遍就能把简谱写下来。童年的我对乐器充满了爱。

我有一个遗憾，就是不会弹古琴。但是我非常喜欢古琴。小时候听古琴弹奏，一起一伏，心之所向。

高子曰："琴者，禁也。禁邪恶，以正人心。故记曰君子无故不去琴瑟。"

王大伟翻译：

琴的发音和禁止相似，就是要禁止邪恶，以正人心。所以说君子没有特殊的缘故，是要和琴瑟相伴的。

◆ 古琴是君子的标志

第一，古琴指向内心，不向外扩，不扰民。古人云：

"故能操高山流水知音于曲中，得松风月之趣于指下，是为君子。"

拿古琴和古筝作比较，现在的女孩子更喜欢弹古筝，因为声音好听、敞亮。其实古琴的地位远远高于古筝。为什么呢？因为古琴不是演奏的乐器。

如果在音乐厅，演奏的最好的是古筝。而演奏古琴的人绝不是为了出名，为了出人头地，是为了抒发自己内心的一种寄托，声音非常低沉，隔壁邻居是听不见的，所以代表着中国古人的君子气质：凡事为别人想和淡淡的忧愁。

第二，古琴更像古代人的文人性格。大家都知道伯牙鼓琴和钟子期的故事。知音没有了，琴也碎了，心也碎了……

古代的读书人，把古琴视为自己最好的朋友。读书人弹琴是有很多讲究的。

◆ 君子和古琴有七种相伴的情谊

第一，睡觉的时候要把琴放在床上，接人气，以为知己。

第二，古代文人弹琴，讲究琴童拿琴。时时处处要嘱咐琴童，别横着抱琴，怕碰坏损伤古琴。

第三，弹琴的时候要先洗手，把手洗干净了，琴弦才不会遭到污染。夏天的时候只有早晚可以弹琴，太热的时候怕汗渍把琴弦弄脏。

第四，“琴罢焚香”。弹琴的时候，要有一炷香相伴。但是燃的香要细如一根线，如蜿蜒流水。千万不要用气味特别浓的香，比如藏香，这样会有失典雅的气氛。

第五，如果有月亮的话，一定要在月下弹琴，时间选在二更天。“二更人静，万籁无声。”

第六，鲜花相伴。弹琴的时候，要放一两盆鲜花在旁边，最好是桂花、兰花，气味清香。

第七，窗外临池。室外弹琴，一定要有竹子，有池塘：“游鱼出听，自多世外之风致。”当你弹琴的时候，有小鱼儿自池塘中浮出水面，来听你弹琴，多有趣味。

我年轻的时候，在欧洲读书，那个时候我总觉得西方文明有很多熠熠闪光之处。等到老了不知道为什么，对我们中国的文化，哪怕是一点一滴都充满了无限的尊敬。

年轻的朋友们，真的希望你们多读点古书，多给孩子们讲点中国古代的文化。

◎ 彩霞为什么是短暂的?

清晨，看到朝霞满天。傍晚，听到泉水叮咚。生活是如此的美好。但你想过没有，这种美好的视觉和听觉，为什么只是短暂的一瞬。今天看古书，有这么一段话：

“明霞可爱，瞬眼而辄空。流水堪听，过耳而不恋。人能以明霞视美色，则业障自轻。人能以流水听弦歌，则性灵何害。”

王大伟翻译：

“彩霞五色斑斓，多么可爱，可是瞬间就消失了。流水潺潺，滴答声悦耳，泉水流过去，又不可留恋。美色就像彩霞那样瞬间即逝。有这样的世界观，人生修行中所遇到的错误和过失也就空空如也。悠扬悦耳，如泉水流去不复存。人能把视觉和听觉中的美丽，都看成转瞬即逝的幻觉，那么对生命就不会有任何伤害。”

看了这一段话，还真是有所感悟，结合生活我想说两件事。

第一，家具小商贩的一句大白话。前两年收藏热的时候，什么都被吹捧到了极致。当时最喜欢的是古代的家具。有个小伙子叫小敏，是专门卖家具的。他突然送给我一个草花梨镶嵌螺钿的小椅子。我问他为什么？他说要到麦加去朝圣。世界这么大要去看一看，所以把收藏品都送给了别人。我说："把这椅子送给我你不心疼吗？"他说了一句话，让我震惊。他说："这把椅子最少有百年了，有五六代人在这把椅子上坐过，他们都以为这把椅子属于他了。可是他不久就死了，所以这把椅子无论给谁，只是代为保管而已！"我觉得他好像是个哲学家。

从那以后，我就像换了一个人。对那些收藏品，追逐之心渐渐地淡漠了。

第二，第一筒彩色胶卷。1985 年我去日本念书，邻居送给我一筒彩色胶卷。那时候一筒彩色胶卷要 100 多块钱，相当于我两个月的工资。我用这个彩色胶卷照了 36 张相，保存到今天。几十年过去了，看看这些照片，一张张都那么珍贵。那时候我是个小伙子，每张照片都照得好，都是那么珍贵和经典。而现在咱们的手机可以随时照彩色照片，再怎么照相，也是个"臭老头子"了。"记得年少骑竹马，转眼已是白头翁。"

所以，年轻的朋友们，古董是珍贵的，可是它又换了多少主人呢？青春是美好的，可又能陪伴你多久呢？彩霞是绚丽的，但转瞬即逝。琴声悦耳悠扬，却像流水一去不复返。

追求和执着的那些美丽，都是转瞬即逝的东西。年轻的时候要抓紧时间努力学习，千万别荒废了那宝贵的时间，因为只是一眨眼的工夫，青春就消失了。"少壮不努力，老大徒伤悲。"

◎ 超凡脱俗的八件事

古代知识分子，所向往的是隐士生活，那么他们理想中的隐士生活都有哪些呢？今天看古书，找到了他们理想的八件事：

唐子西有诗云：“山静似太古，日长如小年。”余家深山之中，每春夏之交，苍藓盈阶，落花满径，门无剥啄，松影参差，禽声上下。午睡初足，旋汲山泉，拾松枝，煮苦茗啜之。随意读《周易》《国风》《左氏传》《离骚》《太史公书》……数篇。

从容步山径，抚松竹。与麝犊共偃息于长林丰草间，坐弄流泉，漱齿濯足。既归窗下，则山妻稚子，作笋蕨，供麦饭，欣然一饱。

弄笔窗间，随大小作数十字，展所藏法帖墨迹画卷纵观之。兴到则吟小诗，或草《玉露》两段，再煎苦茗一杯。出步溪边，邂逅园翁溪叟。问桑麻，说粳稻。

归来倚杖柴门之下，则夕阳在山，紫绿万状，变幻顷刻。恍可入目。牛背笛声，两两来归。而月印前溪矣。

彼牵黄臂苍，驰猎于声利之场，但见衮衮马头尘，匆匆驹隙影耳。乌知此句之妙哉？

人能真如此妙，则东坡所谓：“无事此静，。一日似两日。若活七十年，便是百四十。”

王大伟翻译：

深山安静得像远古，每一天充实得像过了一年。我的家就在大山之中，春天和夏天交替的时节，山上苍松翠柏，各种鲜花落满了山间的小路，苍松翠柏之间，夹杂着各种美丽的鸟叫声。

第一件事：煮茶。“午睡初足，旋汲山泉，拾松枝。”午睡醒来，打了一桶山泉，捡拾一些松枝，煎熬苦茶一杯，慢慢地品尝。

第二件事：读书。“随意读《周易》《国风》《左氏传》《离骚》《太史公书》及陶杜诗、韩文数篇。”然后寻找一些古代的诗书，随意地阅读。

第三件事：散步。“从容步山径，抚松竹。与麛麑共偃息。于长林丰草间，坐弄流泉，漱齿濯足。”在山间的小路上漫步。无意中抚摸一下松柏和翠竹。与山间的梅花鹿擦肩而过。找一块水草丰满的地方，在泉水边洗洗脚，漱口。

第四件事：吃饭。“既归竹窗下，则山妻稚子，作笋蕨。供麦饭，欣然一饱。”回到家里，和妻子、孩子们一块儿做了一顿山笋野菜的饭，大家高兴地吃了一个肚儿圆。

第五件事：书法吟诗。“弄笔窗间，随大小作数十字，展所藏法帖、墨迹、画卷，纵观之。兴到则吟小诗。”在窗下，随意地写写书法。然后把自己收藏的法帖拿出来欣赏。兴趣来了，也写写小诗。

第六件事：聊天。“出步溪边，邂逅园翁溪叟。问桑麻，说粳稻。”出门散步，走到小河边。遇到了邻居和朋友，问问今年的收成如何，庄稼长得怎么样。

第七件事：观风景。“归而倚杖柴门之下，则夕阳在山，紫绿万状，变幻顷刻，恍可入目。牛背笛声，两两来归。而月印前溪矣。”回到家里，倚靠在柴门，夕阳西下，万紫千红，让人耳目一新。听到牛背上的笛声，牧童和农人回家了。月亮的影子，倒映在溪水上。

第八件事：感叹人生。“彼牵黄臂苍，驰猎于声利之场者，但见衮衮马头尘，匆匆驹隙影耳。乌知此句之妙哉！”那些提笼架鸟的名利之客，在红尘滚滚中，追名逐利，早被历史所遗忘。他们怎么会知道，我这田园隐士生活的妙趣呢？

“人能知此妙。则东坡所谓，无事此静坐，一日似两日。若活七十年，便是百四十。”正像苏东坡说的那样：没有事情就这样安详地坐着。这样活一天就等于活两天。如果活了七十岁，就像是一百四十岁。

看到这八件事，真的有点向往古代知识分子和隐士的那种惬意的生活。当然我们年轻人，要拼搏奋斗，不能追求这样的生活，但是操劳了一辈子的退休之人，倒是真的可以放下工作的担子，漫步于山水之间，享受天伦之乐。“遇饮酒时须饮酒，得高歌处且高歌。”既然退休了，干脆就潇洒一点，在发挥余热的同时，在为社会奋斗了一生后，也可以稍微放松一下。摆脱名利，潇洒走一回。

祝福年轻的朋友，忙里偷闲地享受人生。

祝普天下的老人们，欢度晚年。

祝我们的父母、长辈健康长寿。

邵康節問陳希夷持身之術、希夷曰、快心事不可做、得便宜處不可再往、

道光庚寅最樂編原書

◎ 一进必有一退，大自然的规律

今天看古书有这样一段话：

“天地有无穷力量，然一日才到午，便急疾忙晦冥。以续来日之光华。一年才到秋，便疾忙收敛以养明年之发育。人生财力分量几何？而事必须做尽，福必欲享尽，知巧必欲用尽。是焚林而狩，竭泽而渔。如明年之无兽无鱼何？”

王大伟翻译：

“天地有无穷的力量，然而，一天才到中午，便急忙把光线调暗，准备明天再次施展。一年才到秋天，便急忙收敛阳气，准备明年春天哺育万物。人这一生无论是财力还是个人的力量一共有多少呢？为何做人、做事情一定要做绝，不留余地，有福气一定要享受穷尽，有技巧一定要用完。如同打猎把森林焚烧完毕，捕鱼把河水排干。这样明年还能有鱼有野兽吗？”

◆ 进一步必须退一步

我是学心理学的，大脑皮层的活动规律就是两条：

兴奋和抑制。老兴奋，就睡不着觉，总是警惕性高，就会得胃溃疡、心脏病、高血压、糖尿病等疾病。如果老是抑制，身体就不好。“我的世界总在下雪。”那又是抑郁症。

人际关系方面也是这样，你进了一步，就得让别人进一步。你进了两步别人没进步，别人就会怨恨你。

◆ 多方面的启示

这一段话对为人处事的启示是多方面的：

一、势不可用尽。到了百分之六七十，就要停下脚步想一想。

二、福不可享尽。过去讲“富不过三代”，就是这个道理。过去八旗子弟，生下来就有俸禄，美其名曰“铁杆庄稼”。这样经过一两代人，孩子就退化了，就变成了提笼架鸟、吃喝玩乐的公子哥。

三、机关不可算尽。咱们看《水浒传》，里面有一篇叫《风雪山神庙》，讲的是林冲是八十万禁军教头，因为娘子长得漂亮，被高衙内算计，林冲的发小叫陆谦，贪图富贵设了连环计，这才有了“误入白虎节堂”“野猪林被害”，非要把林冲置于死地而后快。结果在山神庙里被林冲一枪刺死。林冲也因此被逼上梁山。

这就是中国人的哲学，老祖宗留下的智慧。

◎ 世界上有一种罪行是不能赦免的

今天晚上八点读古书，看到这么一个故事叫《杨万里的晚年》。

“杨诚斋先生年未七十，退休南溪之上。老屋一区，仅庇风雨。长须赤脚。才三四人。徐林晖赠公诗云：‘清得门如水，贫惟带有金。’盖纪实也。聪明强健，享清闲之福。十有六年，宁皇初兴。朱文公同召。文公出，公独不起。常自赞云：‘江风索我吟，山月唤我饮。醉倒落花前。天地衾为枕。’又云：‘青白不形眼底，雌黄不出口中，只有一罪不赦，唐突明月清风。’”

王大伟翻译：

“南宋四大诗人杨万里，号诚斋。不到七十岁的时候退休告老还乡，住在家乡的南溪之上。只有一处老房子，仅是遮风挡雨而已。家里也就三四个佣人。徐林辉赠给他一首诗说：‘清得门如水，贫为带有金。’这是老先生的真实写照。

杨老先生聪明，且身体健康，最懂得享清福。过了十六年，宋宁宗开始兴旺，下谕旨请朱文公和杨老先生同上朝为官。可是杨老先生不去。杨老先生写了一首诗：‘晚霞中的江风向我索要诗句，长夜的明月与青山叫我去饮酒。喝多了，醉倒在花前月下。天地就是我的枕头和棉被。’

杨老先生还写了一首诗：‘混浊清白都不入我的眼底，谁是谁非也不会出自我的口中。世间有一种罪行是不能赦免的，那就是耽误了明月清风的美景。’”

说到杨万里，可能我们记不起来是谁，但是有一首诗大家都知道：“小荷才露尖尖角，早有蜻蜓立上头”。

跟杨万里做个比较，就会觉得自己有很多不足，老觉得自己很忙，到处去宣传儿童安全的知识，预防犯罪的知识。可是人家杨万里，那么有名的南宋四大诗人，该喝酒的时候喝酒，该赏花的时候赏花。自己还装什么忙的样子？

我这一生去过无数个城市。到了一个城市人家就问：“王老师，你来过这里吗？”我就说：“没来过。”于是人家笑一笑指出：我哪年哪年来过，哪年哪年又来过。

为什么我说没来过呢？因为一般都是天黑了才到那个城市，第二天就上课或者是开会，吃完中午饭就返程。真的没有上街逛逛的时间，更别说去游山玩水了。所以我对很多城市一点印象都没有。

通过杨万里的故事，告诉自己做到以下几点：

第一，不许再说自己忙。

第二，每天拿出一个小时，认真地接触大自然。到河边转一圈，看看蚂蚁搬家，喜鹊打架。

第三，唐突明月清风是一大罪过，要充分认识到过分忙碌也是不对的。

第四，试着把自己看到的小花小草拍下来，再用毛笔把它画下来，写一首诗与小花小草对话。

第五，人到晚年，不一定要“广厦千万间”，像杨万里那样有一处居所就足够了。

第六，不用太拘束自己。真的喝醉了，天为被地为床，睡一觉也没什么了不起。如果我真的有一天，敢当众出丑，可能也是一种进步。不过我真的一口酒也不喝。

我有个朋友，上课的时候突然得了怪病，不会说话了，过了会儿才缓过劲儿来。去很多医院检查，都确诊不了。后来我跟他说有一个秘方能治他的病，而且肯定能治好。我在这儿也不保密了，把这个秘方告诉各位朋友。我告诉他每天有空的时候就上公园里坐着，走也行，发呆也行，唱歌也行。

这个朋友真的每天都去公园，这样大概半年的时间，所有的病都好了。这就是：“江风索我吟，山月唤我饮。”或许有效，何不一试？

人家常要有不足處，若十分快意，便自有不恰好處。
勢到七八分則已，如張弓然，過滿則折。

道光庚寅最樂編原書

◎ 现代人与古人的差距

有一次我带孩子去北京琉璃厂文化街，在荣宝斋里看字画展览，我问孩子现代人的书法绘画和古人的区别。孩子一句话点醒了梦中人："古人无论是写字还是画画都很认真！"真是童言无忌。

今天早晨六点起来读古书，还是一天的功课。古书有这样一段话，揭示了古人写字的心态：

"赵承旨作字，虽戏写亦欲刻金石。其草稿点窜图注间，绝不苟且。

程伯子书字时甚敬，谓非欲字好，只此是学。盖涵养之功，具是进一解矣。"

王大伟翻译：

"赵承旨（元代书法家赵孟頫）写字的时候，虽然是不经意的写作，却好像用刀刻金子和石头那样，用笔结构有力。就是写草稿，圈圈点点和注解，也是一丝不苟。

程伯子（北宋）写字的时候心存敬意，并不是一心非要把字写好，只说这是神圣的学问。所以，涵养之功，才有使人进步的动力。"

这里边古人写书法有三个标准：

第一，绝不苟且。就是画个草图写个注释也要认认真真。学生的字典里，就不应该有“潦草”二字。

第二，心存敬意。写字的时候，对书法绘画心存敬意。过去上私塾早晨第一件事儿要给孔子鞠躬敬礼。古人做学问的基础是“尊敬”。就连写完的字，一个小纸片也不能扔，这叫“敬惜字纸”。

第三，学问神圣。做任何一件事情，不把它神圣化就做不好。“万般皆下品，唯有读书高。”所以孩子在写字作画的时候，心灵是在和古代圣贤沟通。

过去考科举，讲的是“代圣人立言”。绘画完毕，都要写上一句话：“法元人笔法。”

我现在写字作画，写完了都要写上一句话：“旧见南沙老人有此，随师之，筱华，王大伟敬写。”我学画画没有师傅，就是小时候在姥姥家，北面桌子上有古人绘画的四幅没骨花草条幅。这四幅画就成了我的绘画入门老师。大了才知道，作者是顺治年的状元、礼部尚书、苏州大才子孙承恩。

总结一下：

第一，教孩子写字画画，甚至是写作业，都要心存“敬意”。我的小孙子屋子里就挂着孔子的画像。让他知道孔子老爷爷在看着他。潦草是最大的敌人，小朋友的潦草，毁终身。

第二，“学问神圣”。不要简单地把写字画画当做作业，试着把它们和伟大的前程结合在一起，比如说：“我要画像故宫里郎世宁那样传神的绘画。”“我要写像赵孟頫那样遒劲潇洒的字体。”

第三，有条件的话，带着孩子多去故宫北海这些皇家园林看看，里边有无数精美的字画。孩子也许看上几眼就会心存敬意。如果是外地的，也要带孩子多去博物馆和书店看看，注意少看现代人的书法和绘画作品。

第四，要舍得给孩子买一幅真正的古人的绘画书法，当然仿制品也可以。这一直是我的梦想。就像我那个贫穷不识字的姥姥，居然能给我留下顺治状元、礼部尚书的那四条屏。

现在闭上眼睛，还能想到我七岁的时候，漫步在故宫的三希堂。小男孩被那里面精美的书法所震撼了，心里充满了神圣。我问父亲，我可不可以拍几张照片？然后恭敬地把那里边的书法作品拍了几张，这就是我一生奉之为珍宝的字帖和画稿。

六十年过去了，那一笔一画我还能熟记在心，想到这里，怆然泪下……

◎ 七种人的境界，都是圣贤

今天北京的黄昏格外美丽。朝霞满天簇拥着落日。晚上七点，明如白昼。读古书，有一篇“七种人的境界”，可以净化和涤荡自己的心灵：

“世间但有好胜人，无慷慨人。
但有积怨人，无感恩人。
但有炫才人，无怜才人。
但有邀福人，无积德人。
但有为生计人，无为死计人。
但有为近计人，无有为远计人。
但有忧妻子人，无有忧父母人。
人间亦有之，可不为贤乎？”

王大伟翻译：

“人世间多好胜的人，少慷慨的人。多积怨的人，少感恩的人。多追求幸福的人，少积德行善的人。多炫耀自己才能的人，少有爱惜别人才能的人。多为了生计而谋划的人，少有为死后安排的人。多有为妻子和儿女担心的人，少有为父母担心的人。我所说的少，并不是没有。这些少数的人岂不是圣贤吗？”

第一，慷慨出手的人是圣贤。争强好胜是人的本性。但别人有难的时候，慷慨出手救助的人就少了。

在人民的生命财产遇到危机的时候，解放军战士、人民警察，甚至青壮年小伙子，应该大喊一声：“别害怕我来救你。”像这次四万多名医护人员，逆行武汉的行为，就应该是圣贤。

第二，有感恩之心的人是圣贤。经常抱怨这个抱怨那个，结婚没房子，抱怨父母；工作没干好，抱怨领导。可不可以换个思维：心存感恩。想想我们的衣食住行，知识和名誉，都是父母、老师所给予的。是不是应该把“谢谢您”“感激不尽”这样的话常挂在嘴边呢？

第三，称赞别人才干的人是圣贤。其实每个人，都想把自己的优点展示出来，就像孔雀开屏那样。能不能从今天开始，发现朋友和同事的优点，称赞别人的才干和能力。如果这样做的话你是不是会觉得非常幸福？

第四，积德的人是圣贤。我们总抱怨幸福来得太晚太少，却很少去做积德行善的事情。

第五，想到死后而珍惜今天的人是圣贤。很多年轻人，沉迷于游戏之中。通宵玩电脑，整箱喝碳酸饮料。自认为身体好，其实是在毁害自己的身体。能不能想想到老了会有一身病，而从今天改过从善？

第六，深谋远虑的人是圣贤。遇到任何事情，都规划三步。不着急回答，不着急承诺。这样的青年人就叫胸有城府。

第七，牵挂父母的人是圣贤。我曾经写过一篇文章，名字叫《电话铃声三响四不响》。

首先，每天给父母打个电话请安。如果电话响了三声没人接，你就把它挂了，别等到第四声。因为父母老了急着来接电话，会磕着碰着，过会儿再打。

其次，跟父母打电话语气一定要温和开心，要是不开心，父母就会担心你有什么事儿。

最后，报喜不报忧。父母岁数大了经不起惊吓，多说好话多报好消息。

我已经六十四岁了，不读古书不明白这些道理。真是相见恨晚！原来“圣贤”离我们很近。那么从今天起就要这样说话：

一、让我来帮你！”

二、谢谢您，真是感激不尽！

三、你干得真好，真不容易。

四、可惜我做得太少了。

五、让我想想，改天再答复你。

六、妈妈我爱你！

从现在开始，试着说这六句话。不为别的，只为净化心灵。我们虽然做不了圣贤，但也可以做一个高尚的人。

年轻的朋友们，这真的是老王头的肺腑之言。首先从我做起，咱们一块儿试一试。看看一个月以后，心灵会不会宁静和纯洁。

◎ 什么叫小家子气?

一个人的高贵，和金钱地位无关。即便是一个普通的教师、坚守一线的医生，甚至是一个农民工，都可释放出超乎寻常的能量和修养。

今天看古书，有这么一句话：

“张无垢曰：操守欲正，器局欲大，识见欲远。”

王大伟翻译：

“宋代作家张无垢说：人的操守要正，就是正能量。忠臣孝子，厚德载福。人的度量要大，就是海纳百川。肚里撑船，肩上走马。人的见识要远，就是鸿鹄之志。海为龙世界，云是鹤家乡。”

◆ 操守要正

位卑未敢忘忧国。我的爷爷是个山东石匠。他经常嘱咐我两句话：“最崇高的爱是爱祖国。”“找工作一定要找个有大门的，就是要为国家效力。”

我曾经讲过“三代回国带的礼品”这个故事。爷爷从韩国京城府回国，带回来的是八路军急需的药棉，藏在棉被里，被日本宪兵吊在房梁上七天七夜。

父亲从苏联基洛夫军事学院学成回国，带了两大箱原子武器防护的俄文书，参与开创了中华人民共和国原子武器的伟大事业。

我是英国艾克赛特大学警察学院研究所的学生。回国时带了七十公斤行李，全是复印的外国警察学的资料。参与了我国重新引进西方警察学的伟大工程，出版了一系列外国警察理论研究的理论专著。

◆ 器局要大

男子的胸襟能装得下马鞍。老北京觉得一个人心胸宽广，透露着官气，就会竖起大拇指说："真够局气。"

局气和底线。蒙古王子和满族首领有三次对话。

第一次，蒙古王子给满族首领写了一封信：听说你有无数的金银财宝，给我怎么样？满族首领说：可以。

第二次，蒙古王子又写信：听说你的妃子很漂亮，给我怎么样？满族首领说：可以。

第三次，蒙古王子写了第三封信：听说两国之间有几千里的土地，给我怎么样？满族首领回答说：土地一寸都不能丢，准备开战吧！

理想与舍弃。红军从家门口走过，放牛的娃娃扔掉鞭子参加了红军。瓷器店老板家的孩子舍不得那几个瓶瓶罐罐，就在家一辈子守着家族产业和家业。几十年过去了，放牛的娃娃成了将军，而瓷器店的老板，仍然守着那几个瓶瓶罐罐。

◆ 见识要远

母鸡的理想是一把米。我曾经写过一本书《起跑线是精神不是物质》。孩子的理想有多远，他的成就就有多大，他的幸福感就有多强。

有人说：“我要吃遍北京所有的饭馆。”有人说：“我要用遍、穿遍世界上所有的名牌。”可是我说：“理想是精神不是物质。如果一个孩子为中华的腾飞而读书，为拯救病人而去学医，那他就必定成才！”

五十五年前一个初夏的早晨，细雨蒙蒙。在北京某军事医学院的操场上，有个老爷爷在前面走，他穿着军装，后边跟着一个警卫员。老爷爷在篮球架上，做了一个引体向上，那时他大概有八十岁了。隔着 50 米还有一个小孩。那个小孩就是我，那年我七岁。穿着一身旧军装，一双磨白了头的破皮鞋。

老爷爷叫蔡翘，是我国生物医学的奠基人。他在美国留学的时候，在人的脑子里发现了一个定位区，国际上称为“蔡氏区”。

我跟在老爷爷后面发了一个誓：我一定要在人的脑子里找到一个“王氏区”。

这就是我七岁时的理想。

◎ 解决一切困难的万能钥匙

人生在世就会面临各种各样的困难和危机。家里头有日常琐事，单位里有人情关系，国与国之间有外交斗争。有没有解决一切困难的万能钥匙？今天让我找着了！

中午睡了半个小时，醒来看古书，看到这么一句话：

人好刚，吾以柔胜之；人用术，吾以诚感之；人使气，吾以理屈之，则天下无难处之人矣。

天下事断非意料所能及，费心思何用？为顺理而行，置成败得失，于度外可也。

王大伟翻译：

别人给我来猛的、使用刚劲，我就用柔软的战术破解。别人用计谋，我就用诚恳来感化他。别人气急败坏，我就跟他讲道理让他屈服。这样天下就没有难以处理的事情了。

天下所有事的结局，并非是人能够预料所及的，就是费尽心机也没有太大的用处。只有一个办法，就是按照事情的发生发展规律从容应对，至于成败得失，也不要太过于计较。

总结上述观点，有五条心得：

一、以柔克刚。

二、以诚恳应对计谋。

三、以道理化解生气。

四、试图找出矛盾的规律性加以解决。

五、世界上没什么大事，只要按道理办，就没有解决不了的问题。

这五条用一句话总结就是："一柔二拖，三诚恳，四讲理，五不怕。"又好记又好用。这就是应对危机的万能钥匙。

从小事儿来说，家庭矛盾，夫妻吵架，孩子不听话。就用上面的五条一一破解就行。媳妇耍脾气，你就忍着，寻机会化解矛盾。有人跟你玩心机，你就以诚相待。七大姑八大姨上门吵架，咱就简简单单地把道理讲清楚。该调解的调解，该走法律程序的走法律程序，没有什么了不起。

你这么想想，是不是就解脱了？因为有些事情的发生，并不是按照你的意志和意愿进行的。事情刚来的时候，山崩地裂，打得你措手不及。等你认真想想，三下五除二，排兵布阵，总有解决的那一天。

"我正在城楼观山景，耳听得城外乱纷纷。"这时，你就像诸葛亮那样，点上香，弹上琴，打开城门让司马懿的兵进城来，你要是有这点气魄和胸襟，那就没有化解不了的危机和困难了。

凡子弟所當痛戒者不一，而以不聽父兄師長之言，及昵比淫朋爲最。若戒是二者，自能尋向上去，餘皆不待戒矣。

道光庚寅最樂編原書

◎ 忍人之不能忍之触忤

这两年北京的生态环境真是越变越好。早晨四五点钟，窗外就会传来各种鸟鸣声。有喜鹊乌鸦，还有啄木鸟的叮咚声，甚至还有布谷鸟悠扬的啼叫。

早晨醒来第一件事，把枕头旁边的古书拿过来，总想从古人的典籍中找到些什么。如饥似渴地读书，也是对心神不宁、恐惧焦虑的慰藉和安抚。今天读的是《忍》。

“必能忍人不能忍之触忤，斯能为人不能为之事功，容有与人计较长短意思，即是渣滓消融未尽。”

王大伟翻译：

“什么是大英雄？必须能忍别人忍不了的冒犯和欺辱。这样的人才能建立常人不能建立的丰功伟业。如果你内心稍稍有与别人计较长短的意思，就说明个人修养还不到家，内心的渣滓还没有淘洗干净。”

第一，在冒犯和屈辱面前。拔剑而起是英雄，而忍耐退让是更大的英雄。卧薪尝胆，效法勾践。

第二，忍耐是痛苦的，甚至是屈辱的。但是，一个人的忍耐性越大，他要办成的伟业就越辉煌。

第三，大英雄会把自己的目标放在第一位。不会因为些许小事而影响自己对目标的追求。

第四，如果遇事，都想和别人计较一个长短，就是内心的修养还不够。市井俗人的渣滓还没有淘洗干净。

如果一个普通的知识分子在科研和教学上做出一点成绩，一个普通的医生，在学术界小有名气，都可能引起别人的嫉妒，甚至和他竞争的同事就会给他上眼药，穿小鞋。这时就有两种选择：要么“拔剑”捍卫自己的尊严；要么忍，完成自己的学业与研究。这时候就要想清楚，是个人的计较重要，还是完成学术研究重要。

其实，所有对你的攻击，对你的谩骂，都是想让你停止学术研究，把有限的精力放到无谓的厮杀之中。而你一旦选择了忍让，而保全伟大的目标，那么心中的目标就会实现。

还记得，1999 年 5 月，五枚精确制导炸弹，击中了中国驻某国的大使馆，造成了多人死伤。可是我们不屈的祖国，我们伟大的人民，在劣势下没有轻易选择战争。而是卧薪尝胆，越挫越奋。十年生聚，十年教训。才有了今天的“歼 20”，才有了今天的“东风系列导弹”，才有了今天的“双航母”。

沉默，总有一天会换来尊严。一个人是这样，一个民族更是这样！

第四篇

人性品位

鶴在雲霄鳳在梧

◎ 一生研究犯罪的困惑：要给盗窃者留一份？

我研究了一辈子犯罪学和警察学。到了六十多岁的时候感叹：犯罪学是所有社会科学中最深奥、最复杂的学问之一。

◆ 带犯罪发展论

犯罪学里有个理论：带犯罪发展论，这个理论是我创造的。核心观点是我们不可能消灭了犯罪，再去创造美好的生活，因此，在以正压邪的前提下，在给犯罪以打击和强有力的抑制的前提下，创造美好的生活。

给我启发的是我的导师——英国德文和康沃郡的警察局长约翰·安德逊，他的理论叫作《犯罪容忍论》。他认为社会发展的同时，对严重犯罪要坚决给予打击，对轻微犯罪、青少年犯罪等可以适当容忍。当然，这个观点还有待商榷。

◆ 古人的智慧

今晚八点看古书，居然在明朝的书里看到犯罪容忍论的萌芽思想。

“慈湖先生曰，先君一日闲步到蔬园，顾谓园仆曰：吾蔬间为盗者窃取，汝有何计防闲？园仆有余姓者曰：需摒一份与盗者，乃可。先公因忻然顾某曰，余仆吾师也！吾意释然。”

王大伟翻译：

慈湖先生杨简，是南宋著名心学派的创始人。他讲了一个故事。有一天先君漫步到我家蔬菜园子里，问种菜的人：“听说这里老是有偷菜的？你有什么计策可以防止？”有个姓余的菜农说：“这好办，给盗窃者留一份菜就行了。”先君听了以后高兴地对我说：“这个种菜人有点儿意思，是我的老师。”我也点点头说是。

◆ 自由辩论

古人的智慧到底是对还是错呢？比如说你有一大块西瓜地，长满了又大又甜的西瓜。可能周围的小朋友就想来尝尝鲜儿，也可能有不务正业的青年人想来发点小财。这时候你怎么办？

一、加上电网，拉上探头。谁来偷西瓜，马上报案。这是我们现在人的思路。

二、组织夜间巡逻队，带上大棒子牵上狗，谁来偷就揍他一顿。

三、认为左邻右舍也不容易，所以当西瓜熟的时候，摘下几十个好的西瓜，给邻里们送一份夏天的礼物，邀请小朋友们来吃，或者举办一个西瓜节。这样偷盗西瓜的行为就会大幅度下降。这是不是也是一个思路呢？

有人说这是个好办法，可以改善和邻里的关系，还可以预防犯罪。有人说这是个馊主意，周围的小孩偷西瓜你还纵容他，将来这些孩子不都成了罪犯吗？对于这个问题，随着你阅历的增长，随着年龄的增加，你会有不同的看法。

◆ 小孩子玩土

有一次我参加一个门户网站的教育盛典，里边有一个年老的医生，是顶级的医学家。他的理想就是给每个孩子准备一立方土，让孩子没事儿就玩玩土，这样可以增加孩子的免疫力。

老医生的观点是：人身上有许多细菌，这些细菌大部分是有益菌，少部分是有害菌。现在的孩子，和大自然接触的少了，玩土的机会少了，很少“接地气”。所以接触有益菌的机会也就少了。因此老医生让孩子们多接触泥土。

一味地消除细菌和适当的与有益菌共生，这本身就不是个哲学命题，而有着科学和实证的意义。

所以我们的古人，提出来给“盗窃者留一份”这样的观点，是对是错，还是由各位朋友去评说吧……

“说与旁人浑不解，杖藜携酒看芝山。”

諸禍皆從忽起，故人作事不可不慎。

細微處一一能謹，或少過舉矣。

防小人密于自修。

好勝，人之大病。

道光庚寅，最樂編原書

◎ 约束和枷锁是不是多了点？

早晨七点，盘算着昨天晚上睡了几个小时。看古书，有一句话很震撼：“如轻尘依弱草。”说的是人的一生就像小草上面落的尘埃一样微不足道。那么，古人是怎么应对这些不良情绪的呢？

“明谢承佑，海阳人。少游京师，见势利烜赫，怏怏不乐，归宝云山中。见野凫饮啄沙岸，悠然自得。语其友曰，人生斯世，如轻尘依弱草，而乃以儒冠拘系，良可耻也。于是，结齐郡南，有长溪阔野，可以遊适，买驴一头，舟一只，共至幅巾野服，任意所之，既倦而休，休而复作。谓唐虞事业，尽在是矣。”

王大伟翻译：

“有一位姓谢的先生，是海阳人。年轻的时候到京师去游玩。见到那里的人都在讲官位势力，心情不高兴。于是，回到家乡隐居，每日在河边散步，见岸边的沙滩上，绿头野鸭在喧闹觅食，悠然自得。谢先生和朋友们说：人生在世，微不足道，就像弱草上落了尘埃，再用儒家的道德礼仪约束自己，其实是一种可耻的事情。在故乡南面建了一所书房，一边是山，一边是水，尽情地游玩。

买了一头驴，一只小船。逢到山路就骑驴，遇到河流就驾船。穿上山野人的衣服帽子，随心所欲。走累了就休息一会儿，休息完了再游玩。就是古代的太平盛世，也不过如此。”

这个姓谢的先生，胆子有点大，家里可能是个地主。否则，不可能这一生不工作了，只买一头驴一只小船天天游玩。这可不是什么值得称赞的人生，就是个公子哥儿罢了！

但是谢先生能看破红尘，把自己比作一颗依附在小草上的尘埃，敢于突破传统儒教的束缚，大胆地去追求自己向往的生活，这也是个闪光点吧？

我在想，很多人，也包括我，这一生的束缚太多了。

第一，以工作为优先。生活中的衣食住行，吃喝拉撒，都可以放到一边，微不足道。

第二，和大自然无缘。根本就没有时间看看春天的杏花，秋天的野菊。

第三，就是每天出去走走，沿着河边散心，也是有规矩的，必须走够4000步，步伐还要快。这哪是散步啊？这也是做功课。

第四，就是吃顿饭，也是在泯灭天性。很多时间吃饭，几乎都是站着吃，随便吃两口就完了，至于吃什么并不在乎。这两天身体不好，才想到要注意饮食。这才坐下来吃饭。疫情初期，十二斤玉米糁子吃了半个多月，什么副食也不吃，主要是自己懒惰，不会打理生活。

第五，每一分钟，都有规划。上午下午，都有日程。每年最重要的是要找本日历，上面写得密密麻麻的，每年都要给自己制定写几本书的单子，累不累呀？

今天看了这段话，心灵有点震撼。能不能也把儒生的帽子摘下来扔掉。买不起驴也买不起小船，咱就用手机扫个路边的共享单车，或者抽出半天时间也出去玩玩，不用计时计步，不用强迫自己出汗喘息，走到哪歇到哪，累了就休息，休息够了再往前，能不能也这么放纵一回？

老了可以这样，年轻人可不行！你们还得奋斗，你们还得前进。工作永远是第一位的，真是太累了也可以放松一下……

别再把自己的心灵约束得太狠了，摘掉捆绑心灵的绳索，像谢先生那样，穿上农夫的衣服，以劳动人民的心态，去欣赏大自然、绿头鸭、溪水和远处的青山……

◎ 以五种异常心态，应对天下万事万物

古人说过一句话："宇宙便是吾心，吾心便是宇宙。"这句话后来被定为唯心主义的观点，受过批判的。其实我觉得，很多人都认为自己和宇宙同等重要。所以，如果我的心态变了，是不是宇宙也就变了？

◆ 古人的五种心态

中午十二点饭做好了，让它凉一凉，顺便又读了一段古书，讲的是人应对天下万事万物的五种心态：

"大其心容天下之物。虚其心受天下之善。平其心论天下之事。潜其心观天下之理。定其心应天下之变。"

第一，大其心容天下之物。林子大了什么鸟都有，要包容各种各样的人心胸就要宽大，蒙古族谚语"男子汉的胸襟可以装下马鞍"。这是今天第一个心得：包容。要忍别人不能忍的事儿，这才是大英雄。

如果你能忍别人忍不了的事，你就是超于常人的大英雄。谁都会生气，小狗小猫也会生气。可是忍着不生气，不是大英雄可做不到。

第二，虚其心受天下之善。受到别人的恩惠，要虚心感恩。总觉得自己做得不够，还不配享受这种福报。这是今天第二个心得：感恩。我今天有吃有喝，可是并没有做什么，心中惭愧。我有什么本事，可以一天三顿吃白面大米不用种地，这不都是劳动人民在养活我们吗？

第三，平其心论天下之事。评论天下的事和人，一定要心里有一杆秤，不能意气用事，好的要说，不好的也要说。全面地评价一个人的人品和事情。这是今天第三个心得：公平地评价别人，试图发现对手的优点。

一般人都能发现别人的缺点，而能发现对手的优点，那就绝不是一般的人。

第四，潜其心观天下之理。天下的道理是事情发展的规律，发现这种规律需要潜心研究，“板凳要坐十年冷”，没有十年工夫，绝不会做成大事。这是今天第四个心得：甘心坐冷板凳。没有十年是做不成学问的。

第五，定其心应天下之变。当一个突发事件来临时，不管是人祸还是天灾，安安静静地坐一会儿，不能大呼小叫，也不能乱了方寸，按照道理拿出三条应对的措施，这样就无往而不胜。这是今天第五个心得：平心静气。

越是山崩地裂，越能沉得住气，吃得香睡得着，就是大英雄。

◆ 努尔哈赤为什么会睡得着？

历史上有这么个故事，明朝发十路大军围剿努尔哈赤，努尔哈赤也很着急，就派出各路侦察兵去侦察。侦察兵回来报告：“明朝的十路大军都已经出发了，直奔满族的大营建州而来。”努尔哈赤听到这个消息，居然睡着了。

等到他醒了，大臣问他：“十路大军来了你怎么还睡得着？”努尔哈赤说：“他们还没发兵的时候我心里着急，既然他们都来了就没事了，我好好睡一觉。任他十道路来，我只一路去。这就是我的作战原则。”

年轻的朋友，如果按照常人的心态去办事情，那么你就是常人。如果按照君子的心态去办事情，那么你就是君子。

你容忍了对手的谩骂，感恩于每一件小事，在背后说了对手的好话，你为了一件小的真理，而穷尽了毕生的精力，当别人惊慌失措的时候，你却坦然地睡着了。

如果你办的事别人不能理解，也许并不是你办错了，而是你超越了常人。你一定会有一个远大的前程！

◎ 其事虽小，其心则厚

我有焦虑的倾向，只有看古书经典，可以让我摆脱焦虑。因为每天面对的是圣贤。

今天上午，我约着和一个医院的院长谈话，问疾病的问题。疫情期间，院长的办公室不让进，我们就在院子里小树林中，一个花架子下面的树荫坐着，谈了大概有十五分钟，我对院长千恩万谢后才告别。往回走的路上，发现腿上、手上被蚊子咬了三个大包，奇痒难忍。这个时候，我想到的是：那位院长会不会也被蚊子咬了包？好对不起人家，给人家添了好大的麻烦。

回到家里，十点才开始读书。但是又有惊喜，又有发现：

“有穿麻服白衣者，道遇吉祥喜事，相与牵而避之，勿使相值。其事虽小，其心则厚。”

王大伟翻译：

“有披麻戴孝送殡的队伍，在路上碰见了喜庆迎新娘的队伍，送殡的队伍马上回避。不愿意两个队伍碰面。这件事情虽然很小，但是回避的一方道德深厚。”

周围有些人，总觉得西方人高贵。通过这次的疫情，好多人才觉悟过来，其实咱们中国人有好多高贵的地方。

很多人，做事是从自己的需要出发的，没有考虑别人的感受。而文明的标志，就是设身处地地为别人着想。

为别人着想的几个例子：

第一，不喝别人水壶里的水。我小时候得过肝炎。上小学、上中学，背个军用水壶去上学，从来不喝别人水壶里的水，怕传染别人。这件事没人教我，是我自己想明白的。现在我才知道，我的肝炎早就好了。

第二，不给别人家办喜事。我姥姥没有儿子，我妈是独生女。所以在农村，别人家里办喜事，我姥姥都不去帮忙，都要回避一下。怕别人说我姥姥家“不齐全”。

第三，我的学生。有一次我拉肚子，在医院里输液。我带的一个硕士研究生，是个山东男孩。他先跑着出去给我买了手纸、矿泉水，又坐在旁边陪我输液，一直到我输完液才走。你知道我心里有多么感激吗？

后来他分到国家机关工作，单位的政治干部来政审，问我这个孩子怎么样？我没说什么官话，我就给他们讲了这个故事。

第四，偷栗子的少年。前几天我写了一篇文章。一个老先生骑着驴回家，看到自己田地里的栗子树上，有个少年在偷栗子，他就赶快绕道走，多走了三里路才回到家。家人问他怎么这么晚才回来？他说怕那个少年看见自己，从树上掉下来摔坏了怎么办？

我曾经写过一本书《中国人的十二种高贵》，现在大家聊天，有的人总是说中国人这不好那不好，所以我写了这本书。因为年轻的时候在国外留学，深深感触到中国人高贵的所在。我的爷爷，我的姥姥，只是普通的农民，可在我心中都是道德的典范，他们给我家教和礼数的教育，让我一生取之不尽，感恩不尽……

年轻的朋友们，和别人打交道，一定要记得：首先为别人想。

这就是高贵。

◎ 一言一行，两个秘诀

一言一行，有没有什么秘诀？

今天北京的空气特别潮湿，好像要下雨了。午觉醒来，阅读了一段古文，很受教育，心里顿时清静了很多，这也许就是一言一行的秘诀。

“范文正公曰：言欲逊，逊免祸，行欲严，严远悔。皆当三复力行。”

王大伟翻译：

说话时，多说谦虚的话可以免祸。办事时，多对自己严要求可以避免后悔。每天都要多想想这个要点，身体力行。

一言一行。代表一个人的品质。所谓“一言”，其秘诀就是多说谦逊的话。所谓“一行”，就是对自己严要求，按规矩办事。

第一，说话。我从年轻时定下这些规矩：

一、别人喊我的名字，迅速地答：“到！”现在已养成了习惯，到医院里看病，里边医生喊到我时，我马上习惯性地喊一句：“到”！

二、别人向我提问，马上问一句：“有什么指示？”

这个也是习惯，“你有什么指示？”成了口头禅。

年轻人到了单位工作，在厂矿企业中就要定位为“小学徒”，在军队、警察局等国家机关，就要定位为“列兵”。不管你有没有博士学位，不管你有没有出国留学的背景，都要从最基层做起，而且头三年，只能埋头苦干，重活脏活干在前，任劳任怨，不要讨价还价。

以上关于说话的两个要点，都是谦逊的标志。

第二，办事。人知道什么事能做，什么事不能做，这是最重要的。我认识一对夫妻，是单位的领导。一生平平安安，问他们两口子秘诀，先生说：“结婚的时候两口子立了个规矩，如果别人给他送钱办事，夫人要监督。”所以别人求他办事情，从不收礼。如果他收了，夫人就要马上告诫、监督他。这就是好的家风。

一个人说错话、办错事，都是瞬间的。如果平时没有规矩，脑袋一热，就会说错话办错事。所以要格外谨慎。

过去咱们抗大的精神是：“团结紧张，严肃活泼。”该活泼的时候，一蹦一跳。该严肃的时候，一丝不苟。这就是那一代革命的青年人。

“战战兢兢，如履薄冰。”“诸葛一生唯谨慎，吕端大事不糊涂。”“未晚先投宿，鸡鸣早看天。”“过桥须下马，有路莫登舟。”

以上都是老祖宗给我们留下的教诲。

◎ 人说千句，不死自伤

当了一辈子老师，说了一辈子话。慢慢地练着能说很久，嗓门还大。现在老了才知道，这是多么伤身体！

下午五点了，看古书，才知道沉默有三大优点，多说有两大害处。

“薛敬轩先生曰，发言须句句有着落方好。人于忙处，言或妄发，所以有悔。唯心定则言当理。”

“多言最使人心志流荡，而气亦损。少言不惟养得德深，又养得气完而梦寐亦安。”

王大伟翻译：

“说话的时候句句都要有出处有着落。人在忙乱之中，有些话可能就说得不好，所以就后悔了。只有心里安定的时候，说话才符合道理。

多说话有两大害处：使得心智动荡，元气也受到损害。而少说话有三大优点：道德修养得深厚，元气保养得充足，晚上睡得安宁。”

沉默的三大优点：

第一，道德修养得深厚。我的爷爷是我们家道德的顶峰，他就很少说话，睁着大眼睛看你，能看出你的心思。

第二，保养元气。说话最伤气，你看我们当老师的，咽炎、喉炎、支气管炎。只要流感高发，好多老师都跑不了。

不仅仅是上面这些病，还有帕金森、心脑血管、消化系统方面的疾病。这些病当老师的都容易得。

第三，安稳睡觉。晚上睡觉前千万少说话，少激动。安安稳稳地入睡，先睡心，再闭眼。要是赶上个激动的事儿，滔滔不绝地说一顿，那就很难入睡了。

我总觉得，老师这个职业，应该是能够长寿的。平时风吹不着日晒不着，一年还有两个假期，生活比较滋润。可是我发现周围有些老师，60 多岁就走了。可见这个职业也有它的问题，其中话说多了伤了元气，恐怕是最重要的原因之一。

◎ 始忍于色，终忍于心

能够控制自己不发脾气，是一辈子的修炼。已经六十多岁了，火候还是不够，几乎不发脾气了，但心里总是憋闷……

◆ 明朝大臣的经验

明朝有个大臣了不起，名字叫夏元吉。他曾经一个人独掌六部九卿九枚大印，被叫作明朝第一权臣。年轻的时候他的脾气很坏，经常控制不住。就想了一个办法，分几步来矫正发脾气的习惯，他的方法很有借鉴作用。

今天晚上九点，看古书，看到一个故事《夏元吉制怒四法》。

“或问夏元吉公，量可学乎？公曰：某幼时，有犯者未尝不怒，始忍于色，终忍于心。久则自熟，殊不与人较，何尝不自学来？”

王大伟翻译：

“有人问夏元吉公，人的气量是可以自学的吗？夏元吉说：年轻的时候，遇到来挑衅的，都会发怒。但是我想了个办法，先忍于色，不露声色，装作什么都没发生，最后忍于心，心里也不起波澜。这样久而久之，就学会了忍耐之术。再也不和别人较量，这难道不是自学来的吗？”

◆ 夏元吉先生四步制怒法

通过以上这段话，学到了四个要点：

一、即使是圣贤，年轻的时候也会发脾气，忍不住。

二、学会忍耐的方法可分两步走，第一步是不露声色，对方怎么发难，一笑了之，装作什么都没发生。见了面还打招呼，这是治标。

三、脸上没有颜色，别人就看不出来。心里也不计较，不起波澜。“心中无崎曲波浪，眼前皆绿水青山。”制怒从根本上讲，是不让心里起波澜，这是治本。

年轻的朋友会说，你为什么不发脾气呢？你为什么不把暖壶举过头顶砸碎了呢？当时要好好想想，你把暖壶摔碎的后果是什么？还有暖壶举过头顶的时候，烫着自己怎么办？如果你真的不想干了，就摔暖壶。如果你还想干，那就得忍着。

四、这样反复地练习，熟能生巧，慢慢就学会了忍耐。

◆ 制怒是学做人的基本功

像夏元吉这样的重臣，还在不断地修养自己，学会制怒，习惯忍耐。像我们做小老百姓的，为什么就不能遇事忍一忍，让一让？

有的时候是对方真的不讲理，对方真的是没有道德底线。可是，对方又不是敌人，或许还是家里的亲戚或者朋友，你不忍怎么办？难道还要和他去打官司吗？

◆ 八十岁老夫妻的故事

小时候我见到一个邻居，两口子天天打架，打到什么程度呢？见到什么就摔什么。以至于他们家就没有一件完整的东西。后来这老两口都活到九十多岁，好像过了八十多岁就不打了，而且最后这十年还很团结。可见他们是在八十多岁以后才学会忍术的。

这正是：

始忍于色，鬼神不知。
终忍于心，海阔天空。
晴空万里，惠风庆云。
太和元气，润物无声。

我争取今年，把忍术学会。千万不能等到八十岁才学。年轻的朋友们，你们现在就学。学会忍术，天下无敌。

◎ 善为他人，亦为自己

人如果能够想着帮助别人，这就和乾坤天地、日月星辰一样，光照人间。

这几个月困在家里，没事就读古书，觉得收获特别大，好像古书里的每一句话，都在指向自己的不足。自己就是在和古代的圣贤对话，每天进步一点、高兴一点、畅快一点，若有私意，若有已得。

今天看的是：

“晦翁云，天地一无所为，只以生万物为事。人念念在利济，便是天地了也。故曰：宰相日日有可行的善事，乞丐亦日日有可行的善事。只是当面蹉过耳。富贵家宜劝他宽，聪明人宜劝他厚。”

王大伟翻译：

“大自然只干了一件事，就是促使万事万物的生长。如果人每天也想着去帮助别人，那他就和天地的造化是一致的。宰相每天有宰相可行的善事，乞丐每天有乞丐可行的善事。只是我们不知道，当面错过了。富贵的人家，应该劝他做事宽厚。聪明的人，应该劝他做事厚道。”

上面这层话有几个意思：

第一，人做善事是大自然的规律。所以，行善的人是适应大自然的规律。

大自然给我们阳光、泉水、温暖、空气，这一切才能使生命产生和发展。晴空万里，惠风庆云，大家的心情就好，就高兴想说话。所以我们也要高兴，也要帮助别人，这不光是为了自己好，这也是大自然的规律。

第二，每个阶层的人，都有力所能及可以做的善事。只是我们不知道而错过了。

我们有钱，就去给学校盖个图书馆。没有钱，就拿个小红旗站在十字路口，帮助小学生过马路。

能帮助别人的事情特别多，不是有钱才能帮人。有钱人做的事那叫“积阳德”，没钱人办的事儿那叫“积阴德”。那更是善中之善。

第三，有钱的人家，做事要宽厚。不要斤斤计较，多帮助体贴佣人，有钱就去做些善事，千万不要为富不仁。

家里稍微富裕一点，就可以拿出10%–20%的闲钱去做好事。所谓富裕是相对的，就是一个普通的老师，在不缺吃不缺穿的前提下，每年也可以帮助两个贫困的学生，给灾区的小学捐赠十册图书。

第四，聪明的人，不要尖酸刻薄。看明白了不要点破。能帮助别人就帮助别人。千万不要聪明反被聪明误。

我觉得这一条最重要。读书人都很精明，千万不要聪明过头了。如果有力量帮助别人，就要摒弃前嫌，装聋作哑，糊涂发呆，不求回报，暗中行善。

看到这里，一身冷汗。这一点我做得不够。过去还是计较。还是所谓的火候不到，功力不足，渣滓尚未淘洗干净。

上大学的时候，听过朱光潜老先生的课，他的一句话，我至今犹记在心：“什么是美？就是生活。”我们为什么要做好事？

第一，心里有善良的念头，心情就会愉悦。心里残存着疙瘩和仇恨，就会导致各种疾病。心里的疙瘩解开了，这些病也就随之消散了。

第二，力所能及地做点好事，积点“阴德”。这是符合大自然生长的规律，也符合养生的规律。心地宽厚的人寿命就长，面带微笑的人，身体就好。

美就是生活。

必能忍人不能忍之觸忤斯能爲人不能爲之事功畧有與人計較長短意思即是渣滓消融未盡

道光庚寅最樂編原書

◎ 一百字的座右铭

早晨七点读古书，这是东汉崔瑗的《座右铭》。崔先生，是离北京不远的涿州人，年轻时脾气也不好，据说他哥跟人打架，他提着刀去把仇人杀了，为此还进了监狱。这篇座右铭一共是二十句话一百个字，其实是一篇中国古代君子修养的小贴士。

“无道人之短，无说己之长。
施人慎勿念，受施慎勿忘。
世誉不足慕，唯仁为纪纲。
隐身而后动，谤议庸何伤。
无使名过实，守愚圣所臧。
柔弱生之徒，老氏诫刚强。
在涅贵不淄，暧暧内含光。
行行鄙夫介，悠悠故难量。
慎言节饮食，知足胜不详。
行之苟有恒，久久自芬芳。”

王大伟翻译：

“不说别人的短处，不夸自己的长处(寡言少语)。给别人的恩惠最好忘记，别人给自己的好处要牢记终身(知足感恩)。

名誉地位不足羡慕，内心要以仁慈为纲纪(平淡仁慈)。

行动之前要隐藏，别人想诽谤你就无处下手(谨慎隐藏)。

不要让名誉超过了你真实的水平，低调守拙是圣人的训释(低调守拙)。

柔弱是生命的根本，牢记老子的教诲(柔弱内敛)。

表面上昏暗无光，内心却放射着强大的力量(韬光养晦)。

一瓶子不满半瓶子咣当，千万别冒充大尾巴狼(谦虚自省)。

说话要谨慎，三餐要有节制。知足是必胜的法宝(谨慎节制)。

如果每天都坚持，你就会四溢芬芳(一生向善)。”

年轻的朋友，如果你照着这些去做，修身养性，不能保你大福大贵，但会让你一辈子平平安安，享受着超于常人的幸福生活。

我年轻的时候，得过多种疾病，性格懦弱、气质忧郁，曾尝试过各种方法修养改正。比如，我曾经把美国飞行员的性格标准，作为自己的座右铭："高兴，坚定，自信，谦虚，坦率，爱人……"比如，我觉得少数民族的兄弟姐妹的性格好，无忧无虑、能歌善舞，所以我还在潘家园买过他们的香囊，随身佩戴的藏饰，想以此来矫正自己的性格缺陷。

现在老了，看到这个座右铭，我觉得这倒是安安稳稳过一辈子的保障。今年小孙子要上小学了，我想把它抄一遍，送给我的小孙子。这里边的一片赤诚，也许孩子们是体会不到的。

人家听不听咱也不知道。“岂能尽如人意，但求无愧我心。”

◎ 吃亏与口碑

晚上十点了，从河边散步回来。临睡觉又读了一段古书。明白了一个道理，就是吃亏与口碑的关系。

周总理逝世的时候是冬天。我说一件事情可能没有人会相信，人民英雄纪念碑前成千上万的人低着头哭，有老人、有孩子，哭的时候，身体是竖立着一动不动的，泪水滴在地上就会结成一小块冰，那泪水结成的冰，由无数的小冰花叠加形成薄薄的一层。那几天在天安门广场上，你会看到无数的这样细小的冰花在开放。

周总理逝世之后，骨灰撒在江河里和大地上。他没有子女，没有墓碑。可是四十多年过去了，他永远活在每一个中国人的心中。

◆ 古人论口碑

“一生可自信者，唯学吃亏三字。人见为苦，我见为甜。古之思也口做碑。今之思也碑作口。”

王大伟翻译：

“人这一生唯一可以自信的事情，就是学吃亏。在别人看来吃亏是件苦差事。但在我看来吃亏是件好事情。古人认为，老百姓的口碑重于墓碑。而现在人认为奢华的墓碑或许能代替老百姓的口碑。”

◆ 常人理解不了的“吃亏”

我们单位有一个好领导，单位里评选任何先进个人、立功受奖，从来没有他。他总是把这些荣誉分给我们这些普通的老师。大家也没有议论过这件事情，但是人人心里都有一杆秤，背后称他为好人。

也会看到几十年前极个别的领导，重要的荣誉称号，或许都有他的份儿。这个也没有人议论。见面还能打招呼。但大家心里都明白这个人是怎么回事。

◆ 口碑走向永恒

中国出了个女科学家，她发现的青蒿素挽救了上百万名病人的生命，好像还没评上相应的学术荣誉，可是在老百姓的心里头，女科学家恐怕才是真正的学者。

我们也看到网络上曝出南方有的科研单位，极个别的领导利用一切方法，打造自己的学术荣誉，用论文数、课题数为自己树碑立传，可是社会上却不认账。他想把自己说成医学专家，可是老百姓却根本不认识他。

◆ 惧怕，热爱，尊敬

无论是家里的老人，小单位的领导，还是邻居的大爷大妈，大家对他们会有三种态度：惧怕、热爱、尊敬。我这一生，有无数在心里感激的人：

学校历任的老校长，无私地帮助我们这些最基层的教师。有的校长甚至没有和我说过几句话，却无私地关心爱护我们。

我的外祖母，曾经是这个世界上最爱我的人。

周围的某一个朋友，在关键的时候总是默默地帮助我。

真正受人尊敬的人，一定是有学问、有道德、肯吃亏、不断帮助别人的人。

我今天读的这句话：“古人思也口做碑，今人思也碑作口。”真是千古名句。

敬爱就是口碑！

◎ 多求则多辱，交友要慎重

我这个人性格拘谨，朋友不多，常常被家人嘲笑。

◆ 一个朋友的故事

三十多岁时，在公安部工作。有一年我去外地过春节，一个亲戚兼朋友问我："过春节的时候会有多少人给你拜年？"

这话把我问蒙了，根本就没人给我拜年呢，而那个朋友得意地说，起码有一百个人给我拜年。十年以后，听说这个朋友因为欠债被人追杀，而后得病，不幸身亡了。我感到很惋惜。所以有几百个人给你拜年不一定是好事儿啊。

◆ 古人的智慧：多求则多辱

中午十二点了，今天看的古书是交朋友的几句话：

"泛交则多费，多费则多营，多营则多求，多求则多辱，语不云乎？以约失知者鲜矣。当三复斯言。"

王大伟翻译：

“乱交朋友就要多花费钱财，多花费钱财就要想办法钻营，钻营就要多乞求别人，乞求别人多了就会遭到侮辱，这样的事情不一一举例了。处处检点，就会少犯错误，对此真的要三思而行。”

◆ 滥交的后果

朋友多了花费就多，迎来送往还要应酬。应酬的钱从哪儿来呀？搞不好就得想邪门歪道。朋友多了就得钻营，钻营的过程中就要乞求。乞求别人的过程往往是受侮辱的过程。

◆ 给学生的嘱托

我带过的硕士生和博士生，毕业十多年以后，很多人都走上了处级领导岗位，下一步，还要提拔到局级的领导岗位上。

所以，我见到学生，都要嘱咐他们：好好在家看书，给家人做饭，带着孩子写作业，少出去混饭局，少出去应酬，更不要跑官。这都是老师的一片赤诚之心。

年轻的时候有一个同事，人长得帅气，能力特别强。朋友很多，到哪里都有饭局。突然有一天，非要从北京调到上海。过了几年我听到他的消息，由于结交了不三不四的朋友，被海外的间谍机构收买。犯下了滔天的罪行，自杀身亡了。

年轻的朋友们，我在这儿跟大家谈点体会：

一、结交朋友不是越多越好。要寻找老实诚恳的人做朋友。万一交了狐朋狗友，那可要倒大霉。

二、不要老是去找饭局，能推的就推。饭局可是个是非之地。还记得某电视台的某主持人吗？在饭桌上胡说八道，结果把饭碗都丢了。

三、眼睛不能老往上看，结交一点劳动人民的朋友也好。前几年，我的老父亲还能行走自如，经常在公园和一帮老头儿下棋，其中有蹬三轮的，有退休老工人。那些人就问我父亲你是干什么的？我父亲就说是小学教师，大家成立了一个老头会。

四、我这个人天生孤寂，不善交友，也没什么了不起。自己在河边看看花、钓钓鱼也好，不必刻意地去交朋友。我的家人，天天指责我没有朋友，没有就没有吧。

五、更要提防有些人跟你交朋友，是有明确目的的，要让你给他办成某一件事儿，他会给你好处，设下诱饵。你一不留神就有可能上了贼船。

古人说：

“君子之交淡如水。”

“识人多处是非多。”

“白马红缨彩色新，不是亲者强来亲。一朝马死黄金尽，亲者如同陌路人。”

这些古人的典籍，乍一听，好像荒蛮遥远，不近人情，实际上是有深刻道理的。

◎ 义结金兰的七条法则

朋友，最好的两种是闺密和发小。可是很少能看到，一生交往的好朋友。蒋介石和张学良，可谓义结金兰，可是张学良却成了蒋介石的阶下囚。

朋友之间，反目成仇的，绝不是一两起，而且朋友一旦反目成仇，可能会变成危险的敌人。

早晨读古书，鸟语花香。有这么一段话，揭示了交友的秘密：

与人相处，虽贵情意相投，形迹相望，然亦不可狎昵太甚。如：齿有长幼，还当序齿。分有尊卑，还当明分。内外男女之间，还当有别。笑语戏谑之言，还当有节。勿攻讦人隐私，勿犯人忌讳。斯嫌疑既远，而可与久处矣。

王大伟翻译：

和别人相处的秘诀是情意相投、不拘形迹、无所顾忌，但也不能太过于放荡。不拘小节，主要有以下几点。叫作“四种有别，两个不要”：

首先是“四种有别”。年纪有长有幼，还要尊敬长辈；身份有尊卑，还要分清身份；男女有别，还要遵守规矩；开玩笑的话，还要有节制。

其次是“两个不要”。不要谈及别人的隐私；不要冒犯他人的忌讳。

这样能把制造猜疑的隐患都去掉，就能做长久的好朋友。

总结一下，一共是六个要素：

第一，不要冒犯长者。做弟弟的不能冒犯大哥。有的年轻的母亲说，我和儿子就是朋友。这句话既对也不对。长辈要有长辈的尊严。

《水浒传》中的李逵是个粗人，可是你发现没有，李逵对宋江，虽是草莽兄弟，可是时时处处毕恭毕敬，在这一点上李逵是个聪明人。

第二，不要冒犯尊卑。虽然小时候是发小，但现在一方当了领导，就不能不尊重领导。这时候你再叫他的小名，什么“狗剩”，什么“小羊圈儿”，就不对了。领导是要尊严的，在大庭广众之下，要适当维护。

第三，不要冒犯男女之别。“青梅竹马两小无猜。”等到大了就要男女有别。酒后千万不能讲黄段子。《三国演义》里的关公关云长，千里走单骑，护送嫂子，丝毫不犯，成为忠义的象征。

第四，少开玩笑。有时候一句玩笑话也可以伤人。不能以为是发小或是闺密，就可以嘴上没把门儿的。

第五，不谈论别人的隐私。多好的朋友也不谈隐私，为朋友保守小秘密。我在前面的一篇文章中说到一个警语：“终身不以语人。”论及别人长短的话一句不说。

第六，不谈论别人的忌讳。每个人都有缺点，比如个子矮一点，比如有什么疾病，属于个人不愿意谈的，绝不能谈及。

如果你想和一个人交长久的朋友，就要知道他有哪些禁忌。在心里列个单子，千万不要触及。

过去看京戏有一出“将相和”。讲的是廉颇和蔺相如的故事。蔺相如完璧归赵，并且成为廉颇的上级。让廉颇看着不舒服。这是朋友闹矛盾的最常见的原因——“嫉妒心理”。廉颇倚老卖老，不断挑衅找茬儿，蔺相如视廉颇为大哥，一忍再忍。蔺相如的真诚，最终感动廉颇，廉颇负荆请罪，将相和好，才成了千古佳话。

这就是今天看书的体会：“四有别”“两不要”，再加上最后一条“负荆请罪”。这就是我要告诉大家的“交友七剑下天山”。

君臣之间，父子之间，夫妻之间，这七把宝剑，也是有参考价值的。不妨一试。

人有過失或素相親厚欲其改悔只宜僻靜處面與其人委曲言之出我之口入彼之耳方是相愛相成之益彼亦知感若向他人聲揚不已或對衆面斥彼必不樂且或強辯不從如此豈但失忠厚之道亦斂怨招禍之端也

道光庚寅最樂編原書

◎ 家风家教四大原则，十条总结

我的祖籍是山东文登，姥姥家在山东莱州。这两个地方在过去都属于烟台。山东人给我的家风家教，牢牢地渗透进我的血液，融进我的骨髓。

◆ 家风家教的四大原则

晚上十点看古书，发现了家风家教的四大原则：

“以忠孝遗子孙者昌，以智术遗子孙者亡。以谦接物者强，以善自卫者良。”

王大伟翻译：

“古人家风家教有四大原则：

第一，以忠诚和孝道传给子孙的，这个家族就兴旺。

第二，以钩心斗角，算计使诈教育子孙的，这个家族就败亡。

第三，以谦让待人接物，这个家族就日益强盛。

第四，以善良来保护自己，这个家族就会越过越好。”

◆ 我的父亲

小的时候，爸爸是留学苏联回来的业务干部，是部队大院里边儿的老实人，也经常受到左邻右舍的欺负。曾经有一次，听到两个炊事员在议论我父亲说，那个人（指我父亲）太怂包了。听得我心里很不高兴。

六十年过去了，老父亲还操着浓重的威海话，告诉我们要忠诚善良。年过九十三岁，还健康幸福、快乐体面地活着。可是那两个议论他的炊事员，早就没了。

◆ 总结十条我的家风和家教

我们家的家风家教，从我爷爷开始，到我父亲为止。没有文字的记录，我认真地思考了一下，有以下十条：

第一，最崇高的爱是爱祖国。从祖父到我父亲，然后再到我，我们三代人出国。老祖父带回来的是八路军急需的药品，老父亲带回来的是两木箱原子武器防护的书籍。我从英国艾克赛特大学回国，带回来七十公斤国内没有的西方警察科学的经典著作。

第二，一定要学外语，一定要出国留学。我们老家祖上，大清朝是跑海参崴，就是现在俄罗斯的符拉迪沃斯托克。到爷爷那一辈人就是跑朝鲜。父亲那一辈儿上的是苏联的基洛夫军事学院，到了我这一辈儿在欧洲留学学警察学。老王家的基因里，就是不安分、爱躁动，非得出去闯一闯才行。

第三，永远不要忘记农民的本色，勤俭节约。老祖父在朝鲜打工，跟我说每顿饭不吃菜只吃米饭，他找了个借口说朝鲜的大米饭好吃，粘在筷子上都掉不下来。我听了都感动了。老祖父一天能挣一块现大洋，都为了家庭和子女。

我的老父亲有个外号叫“老刮皮”，就是特别节约。从小到大我们家就没炒过两个菜。如果母亲偷着炒了两个菜，他就会发火，站起来收起一个菜留着下顿再吃。

第四，学有所长，吃技术饭。老祖父是石匠，参加过山东胶东烈士塔、京十大建筑的修建，技术绝对是一流的。老父亲在苏联学的是原子武器的防护，参与了我国历次核试验，开创了我国原子武器防护的伟大事业。

第五，找工作要找有大门的。老祖父嘱咐我，找工作一定要找个有大门的。咱们老王家祖祖辈辈是给共产党，给人民政府打工效力的。

第六，善良忍让。我们家三辈子，也没跟邻居发过火。老家门口有一副对联，是刻在门上的：“忠厚传家久，诗书继世长。”

第七，偷着向别人学习。老祖父跟我说，他们早年在朝鲜，技术并不过硬，偷偷地看人家那些石匠怎么干活。偷着学技术，然后再战胜别人。

第八，工作是最神圣的事。我小时候父母从来不管孩子。吃完晚饭还要去实验室工作，一直工作到十一二点。家里就我一个人，可能只有五六岁，非常害怕，那天我发烧了，烧得头昏脑涨。鬼使神差我拿了一条毛巾浸上凉水包在头上，迷迷糊糊睡着了。第二天早晨醒了，病也好了，父母根本不知道。

第九，没有累死的，只有饿死的。老祖父跟我说，年轻人只有饿死的，没有累死的。不管多累睡一觉就好了。

第十，循安处善。我们家是出了名的老实人家。我小时候听到的教育就是这么两句话。第一句是“打掉牙和血吞”。第二句是“出水才见两腿泥”。跟别人生气不算本事，工作做好了拿出成绩来，别人才能佩服。

这就是我们山东农村人的家教。我家往上数五辈子，能数到大清道光年间，没有喝酒的，没有抽烟的，没有耍钱的，都是地地道道的农民。从我父亲那辈开始不是农民了，但我和父亲仍然坚信，我们就是个穿上军装和警服的庄稼汉。

◎ 情不可过，会不可数

今天晚上，北京的天气好奇怪，一阵雷雨，气温陡降，好像深秋一样寒冷。本来应该吃完饭出去走走，却被困在家里看书。不过今天很有收获，看到这一段：怎么保持友谊。

◆ 古人的智慧

“情不可过，会不可数。抑情以止慢，疎会以增敬，终身守此，然后故旧可保。”

王大伟翻译：

“感情这个东西不能过头，见面的次数不能太多。抑制自己的感情，来减少对方的慢待。减少会面的次数，增加对方的敬意。一生一世保持这个原则，就可以友谊常新。”

一、情不可过。感情不能过头。要学会抑制自己的情感。即使是“剪不断，理还乱”，也要有所克制。这就是“君子之交淡如水”的道理。

即使是父子，也要约束自己的感情。古代有一位王后，非常爱国王。但是生病快要死去了，国王来看她，皇后坚决不让。她不想让国王看到自己生病的样子。希望国王对她永远保持着最美好的印象。

二、会不可数。不能老见面，距离产生美，是千真万确的道理。

孩子大了分家出去过，爹妈就不要老跑去见面。孩子需要你帮助的时候再帮助。

三、抑情以止慢。抑制自己的感情，就会减少对方对你的慢待。

四、疎会以增敬。见面的次数少，就能保持相互的尊敬。

◆ 分家账本

我在潘家园，见过宣统年一尺多长的大本子，名字叫《分家账本》，里边儿记载着兄弟两个分家的故事。哥哥分了一个碗，弟弟就得分一双筷子。哥哥分了一只锅，弟弟就分到另一样物品，非常公平。为什么要分家？就是兄弟大了过不到一块去，两兄弟分开之后走动少了，自然就相敬如宾了。

◆ 英国猪蹄儿的故事

年轻的时候在英国念书，刚到英国的时候，发现英国的猪蹄儿特别便宜。原来英国人不吃猪蹄儿。咱们中国留学生，就顿顿吃红烧猪蹄儿，美得不行。可是吃了个把月，就再也吃不下去了。不仅把胃吃坏了，有的人还吃出黄疸来了。这个故事告诉我们：再好吃的东西也不能天天吃。由此推理，再好的朋友也不能天天见面，时间长了自然产生了怠慢，甚至产生矛盾。

◆ 古人的恋爱观

中国古人的情感世界，应该是世界上最高贵的。你看男孩和女孩的恋爱，是那么的优雅羞涩、含情脉脉。“红豆生南国，春来发几枝。愿君多采撷，此物最相思。”那时候男孩女孩是不能常见面的，只能用红豆、玉簪、罗汉钱来表达自己的情感。

◆ 芬兰兄弟的故事

芬兰人是我最佩服的。我觉得他们的性格品质特别像明代的君子。芬兰人的特点是少说话，但是暗地里帮助别人。

我在芬兰念书的时候，是在赫尔辛基欧洲和北美犯罪研究所，所长叫马的酒神，他给我讲了一个芬兰兄弟的故事。第二次世界大战结束以后，一对失散多年的芬兰兄弟终于见面了。弟弟拿着一瓶酒去敲哥哥的门，哥哥问：“你要干什么？”弟弟说：“来喝酒。”哥哥开开门说：“好吧进来吧。”于是兄弟两个人就坐着对饮。喝了十分钟，弟弟问哥哥：“这些年你过得好吧？”哥哥生气地说：“你是来喝酒的，还是来聊天的？”可见芬兰人是多么的不爱说话。

“人情好似初相见，到老终无怨恨心”，这的确是个真理。

午時

◎ 人生四个“留有余”

人老了是什么感觉？就是每长一岁，都觉得前边儿那一岁白活了。

我这个人一辈子，吃穿上不讲究，做官上不追求，但在专业上有洁癖，总想把事情办好。无论是写字画画，还是写文章著书立说，一有瑕疵，心里就很难受，一幅作品，有一笔没写好，就要撕了重来。

我看《兰亭序》，这么好的书法作品，为什么还用毛笔涂上几个黑乎乎的墨疙瘩？王羲之为什么不重抄一遍呢？这我一直不理解。直到有一天我在潘家园闲逛的时候才得到了答案。

在潘家园看见一对儿石头门墩儿。左边这个门墩儿，雕刻得非常精美。右边那个门墩儿，在靠墙的部分有一块儿就没雕刻。我就问卖门墩儿的老先生这是为什么。

老先生跟我说：“这叫，没完没了。”过去农村人盖房子，会留下一点儿窗户不刷油漆。露着木头的本色，这也是“没完没了”的意思。所谓的“没完没了”，就是做事情可以稍微留一点点遗憾。这是古人的一种精神境界。适可而止，过犹不及。

晚上九点半，看古书，有这么一段话，叫作“四个留有余”：

“留有余不尽之巧，以还造化。留有余不尽之禄，以还朝廷。留有余不尽之财，以还百姓。留有余不尽之福，以还子孙。”

王大伟翻译：

“留下一番心机奇巧，还给大自然。留下一段高官厚禄，还给朝廷。留下一笔金银财宝，还给百姓。留下一份富贵荣华，留给子孙。”

记住：机关不能算尽，势力不能用尽，财富不能花尽，幸福不能享尽。

第一，机关不能算尽。无论科学怎么发达，技术怎么先进，都要对大自然抱着敬畏的态度。过度砍伐森林、过度燃烧煤炭和石油，其结果就是水土流失和空气污染。所以要留一份奇巧归还给大自然。

第二，势力不能用尽。“因嫌纱帽小，致使锁枷扛。”在历史中你可以看到，那些个贪官污吏，比如和珅、年羹尧，为了谋取官场晋升，行贿受贿，跑官卖官。最后落了个抄家杀头的命运。

第三，财富不能花尽。“富不过三代”，八旗子弟，铁杆庄稼，提笼架鸟，油头粉面。到最后落的一个败家子的命运。

第四，幸福不能享尽。人一旦有钱有势，难免忘乎所以。一不留神，做出欺男霸女，为富不仁的勾当。最后满门抄斩，祸及子孙。

拿我来说，身体本来就不好，每年还要给自己制订计划写几本书。过了六十岁这就是违反自然的规律。不如给自己“留有余”，留得一点健康。

所以年轻的朋友们，做事力求完美，是一种非常好的、蓬勃向上的积极心态。可是，人的能力、精力是有限的。竭尽全力，而没有成功，也不用太生气，捶胸顿足。

人生不可能老是冲刺，让时间飘一会儿。做任何事情多留一点余地，留给大自然，留给子孙……

◎ 读书要有进步，做官要有退步

人过了六十岁以后，就要考虑顺应衰老的问题。

第一，人生中的一进一退。中午十二点半吃完了盒饭，仍旧读古书，今天读了两句话很简单：

“读书要有进步，做官要有退步。”

王大伟翻译：

凡是读书做学问，活到老学到老，每天都要进步，绝不能放弃。做官做人，要谦虚礼让，多吃亏少占便宜。

我觉得这两句话真是点醒梦中人。昨天睡觉前，我就思考了这个问题。我最近身体不好，门牙还掉了一颗。感觉老了很多。怎么办呢？继续干还是不干了呢？我就想到了三件事：

一、在专业领域活到老学到老。写书讲课做学问，可以放慢脚步，但是绝不能丢弃。“小车不倒，只管推。”

二、人要保重晚节。不能到老了书写得不好，讲课没水平。不研究新的内容，光吃老本是不行的。

三、咱不是做官的人，至于人际关系，用一句话就可以推掉一切事情：“我老了，不中用了。”

对于儿孙学生，只是嘱咐他们：“居处恭，执事敬，与人忠。”其他的事儿咱就别管了，省的絮叨，让人心烦。

第二，做个让人尊敬的老人。我想起了我的老祖父。他是山东文登的一个打石头的匠人。他在生命的最后十年，基本不怎么说话，要是说话只有两句，一句是关心你的话，另一句是嘱咐你的话。

那时候咱们北京人，冬天储存大白菜。老爷子会推一个平板车买一车大白菜给我送过来。然后再问一句：“够不够？”多了一句话都没有。

老人给我们家送大白菜的时候，还要换件新衣服，害怕别人说他老了，给儿孙丢人。我想到这儿就感动得热泪盈眶。这就是一个做老人的典范。

第三，保持晚节。中国人讲究“盖棺定论”。因纽特人，他们生活在冰天雪地，物资极度匮乏。等到人老了，不能打猎了，老人就会穿上厚厚的皮衣，坐在一块浮冰上，任冰块无目的地漫游，最后不知道消失在大海的什么地方……

我们这一生，要学会做个好儿子，要学会做个好丈夫，要学会做个好父亲，等到老了，还要学会做个好老头。

夕阳无限好，只是近黄昏。

劉安世問盡心行己之要司馬溫公曰自不妄語始安世終身服膺故其進而議于朝者無隱情退而語于家者無愧辭

道光庚寅最樂編原書

◎ 古人化解矛盾的方法

下午六点半了，在外边走了一个小时。围着操场转了两圈。北京天气闷热，汗流浃背。回到家里，砸了两个核桃，一边吃，一边读书，又有心得。

“心诚色温，气和辞婉，必能动人。若人未已知，不可急求其知。人未已合，不可急求其合。觉人之诈，不形于言，有无限余味。”

王大伟翻译：

“与人交往，心要诚恳，表达要婉转。一定能够打动别人。要是别人不能够理解你，不用着急。如果别人还没有想跟你和好，不用着急。如果觉得这个人说话办事行了诈术，也不点破，这样做是不是很耐人寻味呢？”

◆ 古人化解矛盾的方法

如果我们真和朋友有了小矛盾，有了小摩擦。怎么处理？

一、俯下身来，主动打招呼，和颜悦色。

二、不火上浇油，试图缓解。

三、要是他不理解我的善意，也不用着急。要是他现在不想和好，就随他去。

四、如果他还在骗我使坏，装看不出来，不用点破。

以上这四个要点，就是为人处事的哲学。

◆ 心急吃不了热豆腐

过去有句古话：“三十年河东，三十年河西。”可并没说三分钟河东，三分钟河西。时间是治疗一切矛盾和烦恼的良药。

1949 年，中华人民共和国成立，其间跟美国关系绷了二十多年。到了“乒乓球外交”的时候，一夜就改善了。所以时间是很重要的。

◆ 话不可说尽

人与人之间一生气，往往会把话说得绝了。什么再也不理你了，断绝父子关系，离婚吧，再也不愿意看到你这张脸……关系再紧张也不能说这种话。不如装傻充呆，一言不发。谁知道哪片云彩会下雨？谁知道哪天谁求谁？话不可说尽，凡事留有退路。这就是成熟的标志。

◆ 不点破是大智慧

年轻人总想表现自己比别人聪明。什么“我早就看透了”。不用说这种话。装疯卖傻，将计就计，不点破是大智慧。

你看现在的国际形势，有的超级大国，一天到晚发飙，谩骂这个，制裁那个。有的邻国，没事儿嘚瑟，今天在边境上整点儿小事端，明天让人给揍了。这都是不成熟的标志。

看看我们伟大的祖国，这几十年来，韬光养晦，得到了迅速的发展。无论是科学技术，还是国家实力，都在奋起直追，成为这世界上数一数二的。

一个国家是这样，一个人更是这样。

所以年轻朋友们，咱不去惹事儿，也不用怕事儿。以诚相待，和颜悦色。不急不缓，循安处善。

半年不行一年，一年不行两年。在这段时间里，刻苦学习，努力发展。锻炼身体，心平气和。等到和解的那天，说不定你又有了质的发展。出水才见两腿泥！

◎ 勿以新怨而忘旧恩

在这疫情的半年中，把一本古书来来回回地看了很多遍。用一百五十多天看一本书，写了一百多篇读后感。真是净化了心灵。

晚上七点到家，窗外夕阳彩霞。今天读的是这句话：

“毋以小嫌而疏至戚，毋以新怨而忘旧恩。”

王大伟翻译：

“不要因为一点小小的矛盾，就疏远了自己的亲戚。不要因为有新的怨恨而忘记了往日的恩惠。”

◆ 人过中年万事和

我小的时候特别佩服恩怨分明的人。“平生不结无义友，一心只报有恩人。”这是年轻时的信条。现在老了，报恩的思想应该常在，但是记仇的狭隘应该把它化解掉。第一，亲戚朋友，不应该记仇。第二，当记别人仇的时候，认真想想别人对你的恩惠。

仔细想想，别人对你的恩惠，不能够忘记。哪怕是有了新的矛盾，哪怕是我现在不依靠人家了，也要永远记得感恩。国与国是这样，人与人也是这样。“易涨易退山溪水，易反易复小人心。”只记仇不感恩的人，起码是不成熟的。

◆ 改恶迁善

从今天开始，我们做这么几件事情：

第一，亲戚朋友之间的仇恨，能抹掉的就抹掉。抹不掉的也别挂在心里。

第二，看一个人，先看人家的优点，再看他的缺点。

第三，就算朋友忘恩负义，你也得想想他以前帮助过你没有，他是否有恩于你。如果有的话，恩是恩，仇是仇。仇恨可以忘记，恩惠永生难忘。

第四，对伤害过你的人，见了面可以打个招呼，要是觉得时机还不够就再等等。不必刻意改善关系，但是千万别把气憋在心里，伤害了自己的身体不值得。

第五，对于严重的刑事犯罪，要做坚决的斗争。

度量如海涵春育，應接如行雲流水，操存如青天白日，

威儀如鳳文麟趾，言論如敲金戛石，持身如冰清玉

潔，襟抱如霽月光風，節概如泰山喬嶽，

道光庚寅最樂编原書

◎ 于不受用处计受用

当了一辈子老师，也做了一辈子学生。我最敬重的是什么样的人？

1977 年恢复高考，当我走进北京师范大学的校门，我看到一个拄着双拐的同学，艰难地在图书馆的台阶上，向上挪动着身体，我为那个时代的公平教育所震撼。

◆ 脚踏实地地享受和创造幸福

晚上九点，看古书，有这么一段话：

“人当于不受用处计受用，不怨天不尤人。心胸多少洒落，境地多少宽展。这便是实在受用。”

王大伟翻译：

“人应当在逆境中创造享受，在困难中创造幸福。不怨天不尤人。心胸有多么的洒落，境地有多么的宽广，这便是脚踏实地的享受与幸福。”

在逆境中创造享受，在困难中创造幸福。

有一年我在西单图书大厦门口，有个小男孩可能有十岁。他没有两只脚，甚至连一个像样的残疾车也没有，是在一个木框上面钉了两个轱辘，上边包了一块皮子。

小男孩在地上艰难地爬行，看见我抬起头来说：“叔叔，我想要里边儿新概念英语的磁带，您能给我买一份吗？”这使我心灵受到了震撼。

没写过作业的人。晚上在电梯上，看见一个漂亮的小姑娘和他爸爸在谈今天留的作业不多，说：“我们这个学校有个特点就是不爱留作业。”我就跟小姑娘说：“爷爷从小学到高中就没怎么写过作业，因为我们那个时代就是这样。”

我现在一拿笔就会写错别字，到现在也没学会拼音。我没有小学、初中和高中的文凭。但是，我可以用英语自由交谈，我也有多国留学和博士学位。所以现在的年轻人别瞧不起我们，所有的知识都是自学的。

我曾经抄过一百多本书，因为我买不起书，或者说根本就没有地方买书，所以借了书舍不得归还，就把它抄下来。我在初中读的书应该比现在我带的博士生读的书还要多。

◆ 拜访名人

我上大学的时候去拜访名人非常容易，到门口敲门就进去了。

臧克家，就是写了“有的人活着但却死了，有的人死了还仍然活着”的诗人，毛主席诗词的编辑者。他家住在赵堂子胡同，我去拜访他的时候，由于下大雨一面山墙倒了，可是老人却高兴地跟我谈他怎么和小朋友玩捉迷藏。

陈爱莲，就是那个十六岁在国际上获得中国舞蹈首枚奖项的美丽的小姑娘。那个时候已经成了著名的舞蹈演员。她给我讲述了丈夫迎着火车撞死了，她带着三岁女儿多么痛苦地挣扎。她跟我讲了她小时候在上海的孤儿院，一只小狗陪伴她的经历。

我在大学二年级的时候曾经走访了当时中国的五百个名人，他们都是那个时代各行各业的“中国脊梁”。他们中的大多数人都曾经身处逆境，但仍顽强地拼搏着，带着胜利的微笑。这就是我对五百个名人性格、心理调查的结论。

◆ “甩锅”是无能的同义词

在我调查的这五百个名人中，几乎没有人抱怨过那个时代，抱怨过自己的逆境。而相反，他们都那么坚强地活着。我想到了现在的某些年轻人，管父母要大量的生活费。我有一个朋友，两口子的工资一分钱都舍不得花，加在一起按月寄给在欧洲留学的儿子，这一经历整整八年。可是孩子留学回来却在不断地抱怨，抱怨爹妈没有给他买房子，抱怨爹妈给他的生活费不足。

◎ 文贵心平气和

一个人的脾气不好，干什么都不行。如果你最近老是走背字，不妨从改善自己的脾气入手。

天亮了，早晨六点半开始看古书。今天有点邪气儿。平常这个时候窗外都传来的是布谷鸟的歌声、啄木鸟的叮咚声。可是不知道为什么今天外边都是吵架的声音。

今天看的这一段古代典籍是“人品与科举考试”。

“江阴张畏巖，甲午乡试不中。大骂考试官，旁有道者笑曰，还是相公文不佳。张斥曰，野道乌知之。道者曰，文贵心和气平，相公心气如此，文安得佳？张不觉屈服，自后谦抑下人，下科中式。”

王大伟翻译：

“江阴有位张先生，甲午年科举考试不中。心中愤怒大骂考试官员。旁边有一位道士微微一笑说，还是相公你的文章不好。张先生大怒：你这个野路子道人知道什么。道人说，文章讲究的是心平气和，可是先生你看你心情这么不安稳，文章怎么能写好呢？张先生听了，只好服从。从此以后对别人都是态度谦和，礼贤下士。结果下一次科举考试就考中了。”

我对学生有个基本要求，上学期间最少背五十首唐诗宋词。有心的学生都做到了，不愿意背的是自己偷懒了。

看古书、背唐诗宋词的人，心平气和，考试的时候不觉技痒卖弄，为枯燥的试卷，添加了一片绿色的生机。从考卷里就能看出考生的心平气和、文学修养，判卷的老师就自然会多给几分。

古人说:“用笔不灵看燕舞，行文无序赏花开。”“功夫在诗外。”

一个人脾气好，修养就好。养的是“太和元气”，听的是“鸟语花香”。遇到人“谦卑有礼”，遇到事儿“庄敬日强”。这样的人不仅脾气好，人缘好，文章也写得好。因为字里行间，渗透的也是太和元气，彰显的也是鸟语花香。

所以从今天开始，早晨起来笑一笑，每天背首唐诗宋词。遇事多从自己身上找原因，虽然咱当不了参天大树，但也得当一棵最欢快的小草。

◎ 嗓门最大的那个人未必有修养

早上八点晨读，看到这么一句话：

“张子邵先生曰，终日譊譊（喧嚷、争辩）者，为善多不终。”

王大伟翻译：

“一天到晚喧闹争吵的人，最后结局很好的人不多见。”

什么是幸福？古人有五福捧寿之说：寿，富，康宁，好德，善终。五只蝙蝠飞翔着围绕着一个寿字。所谓善终，就是安稳地度过一生，去世之前没有痛苦。而每天吵架，强词夺理，或者是得理不饶人，呈一时之勇，占一时便宜。这种人会吃亏的。

经常给别人指出错别字而自己写白字的人，经常告诉别人这不对那不对的人，经常压别人一头的人，一间办公室里声音最响亮的那个人，每件小事上都占便宜的人。这些人都缺少修养，这是为什么呢？

第一，只要你占了便宜，别人就会记在心中。

第二，只要你在气势上压了别人，别人也会记在心中。

第三，如果你不是以理服人，而是以势压人，别人会更加把你记在心中。

你的每一次胜利，都是你失败道路上的陷阱。这就叫“自掘坟墓”。这样时间长了，你的形象在别人的心目中，就会越来越差。日积月累，一旦有一个决定你生死的关口时， 就会墙倒众人推。有句话叫“不是不报，时候未到”。

古书中记载着这么一个故事：有一个做官的人去世了，临终前儿孙都跪在他的床前说：“爷爷你还有什么嘱咐的吗？”爷爷睁开眼睛说：“记住了，一辈子一定要学吃亏。吃多大的亏享多大的福！”

这就是人生的辩证法。

附錄

《最樂編》語錄

版本

《最乐编》

【明】高道淳（1558–1657）

（牌记）魏忠节公定本，道光庚寅仲冬。房山常氏重镌。板存京都正阳门外，杨梅竹斜街中间路北，光华刻字铺，穆姓印刷，每部文银一钱八分。

◆《养喜神，去杀机》

“甑甑子每教人养喜神，止菴子每教人去杀机。是二言，吾之师也。”

◆《掩人是非》

张知常在上庠日，家以金十两附致于公。同舍生因公之出，发箧而取之。学官集同舍检索，因得其金。公不认，曰：“非吾金也。”同舍生至夜袖以还公，公知其贫，以半遗之。前辈谓公遗人以金，人所能也；仓卒得金不认，人所不能也。

◆《交友之道》

“吴司空廷举，平生笃友谊，见良士身下之。在太学兄事罗玘。玘病痢，会仆死，公为煮粥。负之如厕，一昼夜十数返。玘病瘥，同登进士，语人曰：玘四十前生我者父母，四十后献臣生我也。”

◆《君子三行》

苏黄门曰：衣冠佩玉，可以化强暴。深居简出，可以却猛兽。定心寡欲，可以服鬼神。

◆《君子四戒》

戒酒后语，忌食时嗔。忍难忍事，恕不明人。长能持此，最多便宜。

◆《勿捷径》

学者必先明义理之界，谨诚伪之关。无为枉尺直寻之事，勿作捷径苟得之谋。

◆《守拙》

宁拙毋巧，宁朴毋华，宁方毋圆。

◆《必正》

薛文清公，余于坐立方向，器用安顿之类。稍有不正，既不乐，必正而后已。非作意为之，亦其性然。

◆《五种境遇，五种心慧》

耿天台先生曰：纷扰中常有宁静之意。进步中常有退让之意。浓酽中常有简单之意。拂逆中常有快乐之意。顺势中常有警惕之意。此非知道者不能也。

◆《四种超脱》

人有一字不识，而多诗意。人有一偈不参，而多禅意。人有一字不识，而多诗意；人一偈不参，而多禅意；一勺不濡，而多酒意；一石不晓，而多画意。谈宕故也。

◆《欢喜》

天多喜志士，福不降淫人。我辈人应知自勉励。

◆《先知之术》

长孺问:“先生须得邵尧夫先知之术？”先生久之曰:吾之所知者，惠迪吉，从逆凶。满招损，谦受益。若是明日晴，后日雨，吾又安能知耶？

◆《第一法》

安详是处事第一法，谦退是保身第一法，涵容是处人第一法，洒脱是养心第一法。

◆《恐惧》

君子对青天而惧，闻雷霆而不惊。履平地而恐，涉风波而不疑。

◆《五者藏用之道》

辩合于纳，巧隐于拙。刚蓄于巽，直蕴于谦。明养于晦。五者藏用之道也。

◆《四种人》

上士乐天，中士致命于礼，下士致命于刑，小人致命于欲。

◆《凡人有势不可倚尽》

凡人有势不可倚尽，有福不可享尽，贫困不可欺尽，此三者乃天地循环，周而复始。故行善者，福虽未至祸自远矣。行恶者，祸虽未至福字远矣。行善之人，如春园之草，不见其长，日有所增。行恶之人，如磨刀之石。不见其损，日有所亏。损人利己，切宜戒之。

◆《积阴德》

应俊云：所谓阴德者，非独富贵有力者能为之。寻常之人皆可为也。世有乐于施者，施棺砌井，修桥整路。此皆阳德也。惟能推广善心，务行方便，不阻人之善，不成人之恶，不扬人之过。人有窘乏，吾济之。人有患难，吾救之。人有仇雠，吾解之。不大斗衡以倍利，不深机阱以陷物。随力行之。如耳之鸣，惟己自知。人无知者，此所谓阴德也。

◆《主敬则静而明》

易摇而难定，易昏而难明者，人心也。惟主敬则静而明。君子之所谓敬畏者，非有所恐惧忧患之谓也。乃戒慎不覩，恐惧不闻之谓尔。君子之所谓洒落者，非旷荡放逸，纵情肆意之谓也，乃其心体不累于欲，无入而不自得之谓耳。是洒落生于天地之常存，天理常存，生于戒慎恐惧之无间。

◆《缺陷世界》

人生世间，自有知识以来，既有忧患不如意事。小儿叫号，其意皆有不平。自幼至少至壮至老，如意之事常少，不如意之事常多。虽大富贵之人，天下之所仰羡以为神仙，而其不如意处各自有之，与贫贱者无异。特所忧虑事异尔。故谓之缺陷世界。以人生世间，无足心满意者。能达此理而顺受之，则可少安。

◆《心相三十六善》

1. 焚香读书。

2. 做事有刚有柔（做事刚柔相济）。

3. 慕善近君子。

4. 安分寡言。

5. 不嗜杀。

6. 为善不求人知。

7. 忍耐。

8. 不厌人乞假。

9. 喜人规劝。

10. 尝自知非(经常反省自己，寻找自己的错误)。

11. 闻事不紧张。

12. 与人期不失信（与人交往信义为先）。

13. 无作好作恶。

14. 不谈乱。

15. 夜卧不便睡着，马上不回头顾(晚上睡觉的时候稍微清醒一点，骑马的时候不要老回头容易分散精力)。

16. 不谈闺间事。

17. 做事周匝有终始(无论是做事还是交朋友，有始有终，不半途而废)。

18. 不忘人恩。

19. 扬善掩恶。

20. 急难中济人宽慰。

21. 不助强欺弱。

22. 不忘故旧。

23. 能损己为利人事。

24. 知人诈伪能涵容（明明知道别人在诈骗却不点破）。

25. 能惜福。

26. 享知惭愧。

27. 语言有序。

28. 当人语次不掺夺（听别人说完了再发言）。

29. 不嫌恶衣食。

30. 不面訐人（不当面揭人的短处）。

31. 知人饥渴劳苦（体谅别人的辛苦）。

32. 不念旧恶。

33. 常思退步让人。

34. 尽心为人谋（朋友有难时，认真倾听倾诉，帮助谋划，化解危机）。

35. 受诽谤不即自解（受到别人诽谤不马上申辩解释）。

36. 经信因果（须要扬弃与批判）。

故相面不如相心，求人像不如求己像。

◆《居家三十六种吉祥》

1. 居家尚礼仪。

2. 子孙知稼穑（农耕社会时子孙要会种庄稼，现在应改为爱劳动）。

3. 斗称要准（不许买卖上坑骗别人）。

4. 每闻纺织读书声（过去有句话叫“男耕女织，诗书传家”。家里能听见织布机的运作声，听到朗朗的读书声）。

5. 少兴造(土木之功未可擅动，尽可能少的盖房子)。

6. 婆不入门（三姑六婆，不得入门，媒婆、稳婆等，搬弄是非）。

7. 不畜优仆（不要雇用长得特别漂亮的人，也有人说不养私人戏班子）。

8. 和睦邻族。

9. 门多士君子。

10. 早完官税（重要的事情是把官府的税先交了）。

11. 庭除洒扫。

12. 闺门严肃（女子门前严肃，女子有家教）。

13. 尊重师傅。

14. 宴客有节。

15. 无长夜饮。

16. 不延妓女至家。

17. 不狼藉用物（家具摆设要整洁，不能一片狼藉）。

18. 女人不登山入庙（妇女不轻易到庙里烧香。烧香的时候，就会结交其他人。这反映了封建社会男女地位不平等，是对女人的禁锢。需要坚决批判）。

19. 居丧循礼（家人去世要按照礼仪安葬）。

20. 交易分明。

21. 祭祀必恭敬（每年祭祀祖先的时候不能忘记，要毕恭毕敬）。

22. 故旧穷亲在座（家里的穷亲戚经常走动）。

23. 悲忧烦事禀明家长（多倾听老人的意见）。

24. 闻人谦婉（家人对外谦虚婉）。

25. 家人多服布衣（家人穿衣服不尚奢华）。

26. 不喜斗讼（不喜欢打官司告状）。

27. 不闻夫人声（闻夫人声使人心移。不听女子的声响。这是男女不平等的表现。是需要坚决批判的）。

28. 不信祷赛（不相信祈祷算命之类的事）。

29. 不聚坐谭谑（绝不没事坐在一块，谈论小道消息捕风捉影）。

30. 婚娶不慕势力。

31. 卧兴以时（按照四季变化的规律，安排睡觉的时间和早起的时间）。

32. 田宅不求方圆（买田置地，实用为主。买田地不用去专门买方形的，那样比较费钱，什么形状的田地只要能打粮食就行了）。

33. 童稚能够应对（小朋友学会应对礼仪）。

34. 舟车什物能借人（过去家里的船和大车，还有其他的物品，别人来借都慷慨答应）。

35. 无博奕戏詈（家里不赌博，也不经常看戏，借戏文搬弄是非）。

36. 奴仆不搬是非（家里雇的仆人，不搬弄是非）。

全者鬼神福之，子孙保之，不然下手速修。所谓移门换向，趋吉避凶之真诀也。

◆《相夫教子》

程大中公晌，性宽而断，中外相持如宾。夫人谦顺自牧，虽小事必禀而行。治家有法。不喜笞扑奴婢。诸子或加呵责，必戒之曰：“贵贱虽殊，人则一也。”公或有所怒，必为之宽释。唯诸子有过则不掩也。曰：“子之所以不肖，以母敝其过而父不知耳。”

◆《修养四要》

心地要宽平，见识要超卓。规模要扩远，践履要笃实。能是四者，可以言学矣。

◆《多言》

喜时之言多失信，怒时之言多失体。

◆《指出缺点法》

人有过失，或素相亲厚。欲其改悟。只宜僻静处，面语其人。委曲言之。出我之口，入彼之耳。方是相爱相诚之意。彼亦知感恩。若向他人声扬不已，或对众面责。彼并不乐，且或强辩不从。如此。但失忠厚之道，亦敛怨招祸之端也。

◆《少言》

多言使人心之荡，而气益受损。少言不为养得德深，又养得气完，而梦寐已安。

◆《礼义》

尊卑内外，界限截然，全凭一个礼字。辞受取与，铢两不差，全凭一个义字。

◆《热闹场，是非窝》

热闹场中，人向前，我向后。退让一步，缓缓再行。则身无倾覆。安乐甚多。

是非窝里，人用口，我用耳。忍耐几分，想想再说。则事无差谬祸患不及。

◆《与人交有终始》

与人交有终始，或有疾病死丧，问遗周恤，往返数百里不惮劳，仍为之经纪家事，抚视其子孙。好荐达人人物，或者以为好名。思廉曰：“若避好名之讥，人不复敢为善矣。”

◆《终身不以语人》

曹月川先生年十七，设勤苦斋。其户曰：勤勤勤，不勤难为人上人。苦苦苦，不苦如何通今古?

先生自少年喜谈人善，恶称人恶。见有人称人善者，喜动颜色，问其颠末，不忘。见有人称人恶者，佯若不闻，或许他言以拒之。终身不以语人。

◆《人生四着》

饶一着，添子孙之福寿，退一步，免隙驹之易过。

忍一言，免驷马之难追，息一怒，养身心之清和。

◆《怒》

唐李文公翱，问药山禅师曰：“如何是黑风吹船，飘落鬼国？”师曰：“李翱小子，问此何为？”文公怫然怒形于色。师笑曰：“发此瞋恚心，便是黑风吹船飘落鬼国也。”

◆《过满则折》

事小便含忍过去，宁我让人，可也。事大则质之官府，告知亲友辨黑白曲直，终越理不得，自然服输。若持我有理，悻悻生忿。只要尽力做到十分，不肯退步容忍，则愚者终不明，强者终不屈，奸者必百计求胜，或有理反成无理。古人谓事到七八分即已，如张弓然，过满则折，此亦处事之法。

◆《一味呆》

凡人尚智巧，正是没受用处，人反以能羡之，何也？神仙伎俩无多子，只是人间一味呆。非高人之见不能道此。

◆《度量》

尚书杨公翥，性最宽厚。邻家构舍，溜桶水出，公庭。家人语与公，公曰：晴日多，雨日少也。又或侵其基址，公有诗云，普天之下皆王土，更过些些也不妨，钟翁生儿，恐驴鸣惊之，卖驴徒行。其先人墓碑为邻田儿戏推仆，守墓者奔告公，公曰伤儿乎？曰否。公曰幸矣。惟语邻家善护儿，勿惊惧焉。度量宽宏类如此。

◆《凝重之人》

凝重之人，德在此，福亦在此。愈收敛，愈充拓。

愈细密，越广大。愈深妙，越高明。戒太察，太察则无含容之气象。

◆《说话》

王文正公旦，与人寡言笑。其语虽简，而能以理屈人。默默终日。莫能窥其迹，及奏事上前，群臣异同，公徐一言以定。

◆《律己绳人》

礼义廉耻，可以律己，不可以绳人。律己则寡过，绳人则寡合。

◆《知足感恩》

金溪胡九韶，从吴康斋学易。造诣洁修。家甚贫，课儿力耕。仅给衣食。每日晡，焚香九顿首。谢上天赐一日清福。其老妻常笑之曰：一日三食菜粥。何名为清福？九韶曰，吾幸生太平之世，无兵祸。又幸一家骨肉饱暖，无饥寒。又幸榻无病人，狱无囚人。非清福而何？予为童子时，闻长者谈此事。轧笑之。逮正德辛未，被华林之寇。已遭宸濠之乱。避难山卯中，饥渴顿倍。至无所容身。开始信无韶清福之言。良然。

◆《自生烦恼》

乘舟而遇逆风，见扬帆者不无妒念。彼自处顺，与我何关？我自处逆与彼合与？究竟思之，多是自生烦恼。天下事大率类此。

◆《两要》

清心省事，居官守身之要。

◆《读书声》

倪文节公云："松声，涧声，山禽声，夜虫声，鹤声、琴声，棋子落声，雨滴阶声，雪洒窗声，煎茶声，皆声之至清也。而读书声为最。闻他人读书声，已极可喜，更闻子弟读书声，则喜不可胜言者矣。"

天下之事，利害常相伴。有全利而无少害者，唯书。不问贵贱，贫富，老少。观书一卷，则有一卷之益；观书一日，则有一日之益，故有全利而无所害也。

◆《洒脱》

裴忠利不信术数，每与人曰：鸡猪鱼蒜，逢着则吃。生老病死，时至则行。

◆《仁厚》

孝丰吴封君，南山公之父，讳珏。厚德长者也。一日自外归过其别墅。望见栗园中有人正在树偷栗，迺亟勒马转迂路三四里抵家。语内人以其故且曰："设我过而彼见知，必仓皇坠地，非死则重伤矣。今恣其所取损我能几何哉？即是一端，其仁厚类可想见。"

◆《养生》

《枕中方》曰：颐养之道，勿久行，久坐，久卧，久言。不强饮食，亦忘忧苦愁哀。饥即食，渴乃饮。食止行百步，夜勿多食，凡食后行走约过三里之数，乃寝。

◆《齐斋十乐》

读义理书，学法帖字。澄心静坐，益友清谈。小酌半醺，浇花种竹。听琴玩鹤，焚香煎茶。登城观山，寓意弈棋。十者之外，虽有他乐，吾不易矣。

◆《为人》

沈龙江云：仕宦居家，被人侵入侮，故亦偿有之是事。然毕竟是我好处。若是人望影远避，无敢收田中一穗者，虽是快意，其为人可知矣。

◆《病有十不治》

操欲恼淫，不自珍重，一也。窘苦拘囚，无潇洒之趣。二也。

怨天尤人，广生烦恼，三也。今日预愁明日，一年常计百年，四也。

室人噪聒，耳目尽成荆棘，五也。听信师巫祷赛，广行杀戮，六也。

寝兴不适，饮食无度，七也。讳疾忌医，使虚实寒热妄投，八也。

多服汤药而涤肠胃，元气渐耗。九也。以死为苦，与六亲眷属常生难割舍之想，十也。

◆《五种长寿人》

吴文正公曰：尝试观天下之人，气之温和者寿，质之慈良者寿，量之宽宏者寿，貌之重厚者寿，言之简默者寿。

◆《人有三死》

孔子家语曰：人有三死，而非其命也，已自取也。夫寝处不时，饮食不节，劳逸过度。三者疾共杀之。

◆《君子无故不去琴瑟》

高子曰：琴者，禁也。禁邪恶，以正人心。故记曰君子无故不去琴瑟。

◆《时光已去》

明霞可爱，瞬眼而辄空。流水堪听，过耳而不恋。人能以明霞视美色，则业障自轻。人能以流水听弦歌，则性灵何害。

◆《隐居》

唐子西有诗云："山静似太古，日长如小年。"余家深山之中，每春夏之交，苍藓盈阶，落花满径，门无剥啄，松影参差，禽声上下。

午睡初足，旋汲山泉，拾松枝，煮苦茗啜之。

随意读《周易》《国风》《左氏传》《离骚》《太史公书》……数篇。

从容步山径，抚松竹。与麝犊共偃息于长林丰草间，坐弄流泉，漱齿濯足。既归窗下，则山妻稚子，作笋蕨，供麦饭，欣然一饱。

弄笔窗间，随大小作数十字，展所藏法帖墨迹画卷纵观之。兴到则吟小诗，或草《玉露》两段，再煎苦茗一杯。

出步溪边，邂逅园翁溪叟。问桑麻，说粳稻。

归来倚杖柴门之下，则夕阳在山，紫绿万状，变幻顷刻。恍可入目。牛背笛声，两两来归。而月印前溪矣。

彼牵黄臂苍，驰猎于声利之场，但见衮衮马头尘，匆匆驹隙影耳。乌知此句之妙哉?

人能真如此妙，则东坡所谓：“无事此静，。一日似两日。若活七十年，便是百四十。”

◆《收敛》

天地有无穷力量，然一日才到午，便急疾忙晦冥。以续来日之光华。一年才到秋，便疾忙收敛以养明年之发育。人生财力分量几何?而事必须做尽，福必欲享尽，知巧必欲用尽。是焚林而狩，竭泽而渔。如明年之无兽无鱼何?

◆《只有一罪不赦》

杨诚斋先生年未七十，退休南溪之上。老屋一区，仅庇风雨。长须赤脚。才三四人。徐林晖赠公诗云：“清得门如水，贫惟带有金。”盖纪实也。聪明强健，享清闲之福。十有六年，宁皇初兴。朱文公同召。文公出，公独不起。常自赞云：“江风索我吟，山月唤我饮。醉倒落花前。天地衾为枕。”又云：“青白不形眼底，雌黄不出口中，只有一罪不赦，唐突明月清风。”

◆《绝不苟且》

赵承旨作字，虽戏写亦欲刻金石。其草稿点窜图注间，绝不苟且。

程伯子书字时甚敬，谓非欲字好，只此是学。盖涵养之功，具是进一解矣。

◆《十四种人》

世间但有好胜人，无慊慨人。但有积怨人，无感恩人。但有炫才人，无怜才人。但有邀福人，无积德人。但有为生计人，无为死计人。但有为近计人，无有为远计人。但有忧妻子人，无有忧父母人。人间亦有之，可不为贤乎？

◆《操守》

张无垢曰：操守欲正，器局欲大，识见欲远。

◆《天下无难处之事》

人好刚，吾以柔胜之；人用术，吾以诚感之；人使气，吾以理屈之，则天下无难处之人矣。

◆《宽心》

天下事断非意料所能及，费心思何用？为顺理而行，置成败得失，于度外可也。

◆《忍》

必能忍人不能忍之触忤，斯能为人不能为之事功，容有与人计较长短意思，即是渣滓消融未尽。

◆《摒一份与盗者》

慈湖先生曰，先君一日闲步到蔬园，顾谓园仆曰：

吾蔬间为盗者窃取，汝有何计防闲？园仆有余姓者曰：需摒一份与盗者，乃可。先公因忻然顾某曰，余仆吾师也！吾意释然。

◆《世外》

明谢承佑，海阳人。少游京师，见势利烜赫，怏怏不乐，归宝云山中。见野凫饮啄沙岸，悠然自得。语其友曰，人生斯世，如轻尘依弱草，而乃以儒冠拘系，良可耻也。于是，结齐郡南，有长溪阔野，可以遨适，买驴一头，舟一只，共至幅巾野服，任意所之，既倦而休，休而复作。谓唐虞事业，尽在是矣。

◆《五心》

大其心容天下之物。虚其心受天下之善。平其心论天下之事。潜其心观天下之理。定其心应天下之变。

◆《其心则厚》

有穿麻服白衣者，道遇吉祥喜事，相与牵而避之，勿使相值。其事虽小，其心则厚。

◆《言行》

范文正公曰：言欲逊，逊免祸，行欲严，严远悔。皆当三复力行。

◆《心定则言当》

薛敬轩先生曰，发言须句句有着落方好。人于忙处，言或妄发。所以有悔。唯心定则言当理。

◆《少言养德》

多言最使人心志流荡，而气亦损。少言不惟养得德深，又养得气完而梦寐亦安。

◆《夏元吉制怒四法》

或问夏元吉公，量可学乎？公曰：某幼时，有犯者未尝不怒，始忍于色，终忍于心。久则自熟，殊不与人较，何尝不自学来？

◆《乞丐日日有可行的善事》

晦翁云，天地一无所为，只以生万物为事。人念念在利济，便是天地了也。故曰：宰相日日有可行的善事，乞丐亦日日有可行的善事。只是当面蹉过耳。富贵家宜劝他宽，聪明人宜劝他厚。

◆《朋友》

与人相处，虽贵情意相投，形迹相望，然亦不可狎昵太甚。如：齿有长幼，还当序齿。分有尊卑，还当明分。内外男女之间，还当有别。笑语戏谑之言，还当有节。勿攻讦人隐私，勿犯人忌讳。斯嫌疑既远，而可与久处矣。

◆《学吃亏》

一生可自信者，唯学吃亏三字。人见为苦，我见为甜。古之思也口做碑。今之思也碑作口。

◆《多求则多辱》

泛交则多费，多费则多营，多营则多求，多求则多辱，语不云乎？以约失知者鲜矣。当三复斯言。

◆《百字铭》

无道人之短，无说己之长。施人慎勿念，受施慎勿忘。
世誉不足慕，唯仁为纪纲。隐身而后动，谤议庸何伤。
无使名过实，守愚圣所臧。柔弱生之徒，老氏诫刚强。
在涅贵不淄，暖暖内含光。行行鄙夫介，悠悠故难量。
慎言节饮食，知足胜不详。行之苟有恒，久久自芬芳。

◆《传家》

以忠孝遗子孙者昌，以智术遗子孙者亡。以谦接物者强，以善自卫者良。

◆《故旧可保》

情不可过，会不可数。抑情以止慢，疎会以增敬，终身守此，然后故旧可保。

◆《留有余》

留有余不尽之巧，以还造化。留有余不尽之禄，以还朝廷。留有余不尽之财，以还百姓。留有余不尽之福，以还子孙。

◆《进退》

读书要有进步，做官要有退步。

◆《不可急》

心诚色温，气和辞婉，必能动人。若人未已知，不可急求其知。人未已合，不可急求其合。觉人之诈，不形于言，有无限余味。

◆《旧恩》

毋以小嫌而疏至戚，毋以新怨而忘旧恩。

◆《不受用处计受用》

人当于不受用处计受用，不怨天不尤人。心胸多少洒落，境地多少宽展。这便是实在受用。

◆《文贵心和气平》

江阴张畏巖，甲午乡试不中。大骂考试官，旁有道者笑曰，还是相公文不佳。张斥曰，野道乌知之。道者曰，文贵心和气平，相公心气如此，文安得佳？张不觉屈服，自后谦抑下人，下科中式。

◆《多说不善》

张子邵先生曰：终日譊譊者，为善多不终。

后记

循安处善

从『犯罪成因论』到『行为自我控制论』

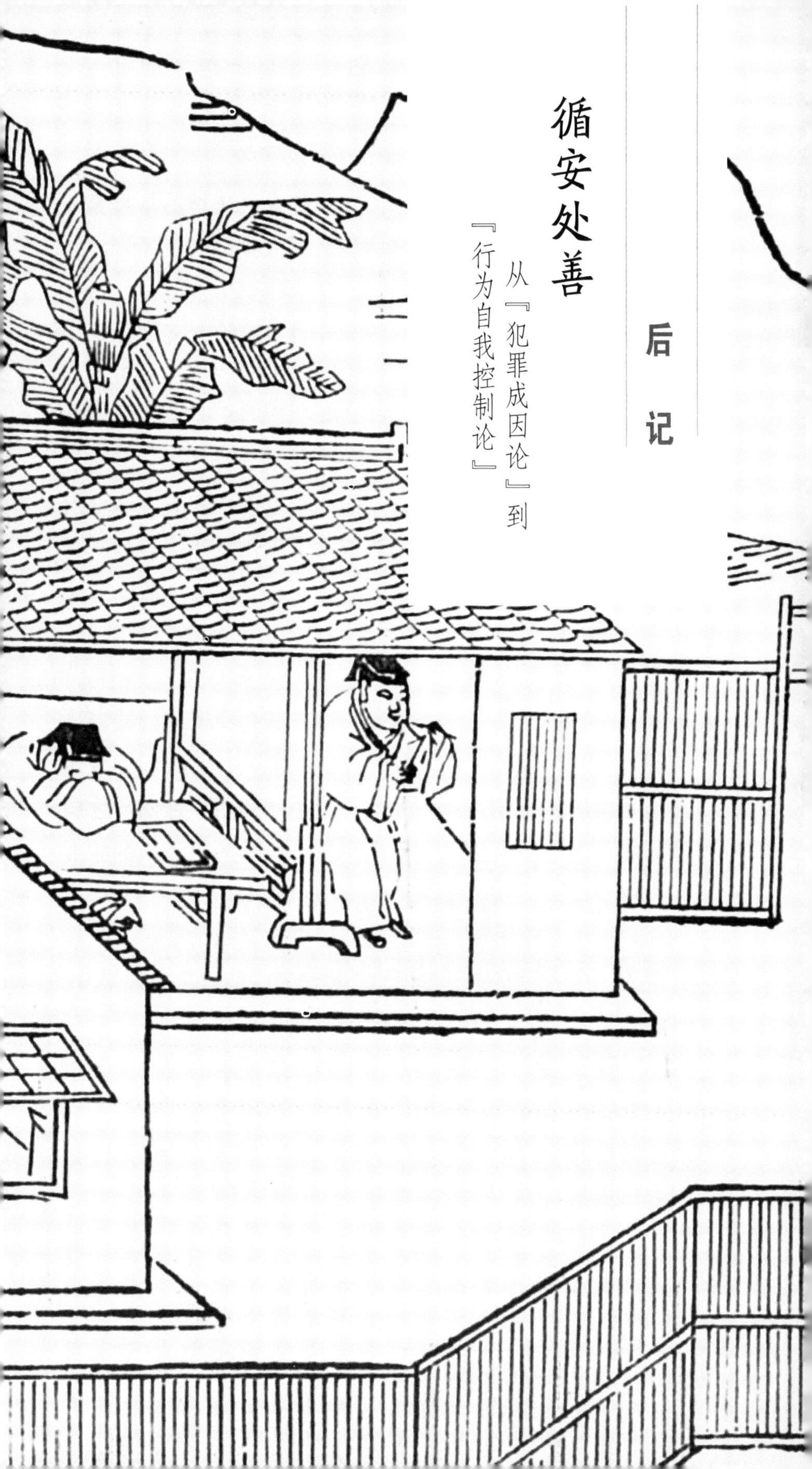

鬼使神差，我这样一个文弱的人，居然用了整整一生都在研究犯罪预防。联合国有四大犯罪研究所，我曾经在其中的两个工作学习过。1985 年 27 岁的我，从在联合国远东犯罪研究所宣读第一篇英文论文《中国青少年犯罪问题研究》开始，在这个领域研究了三十五年。在警察学和犯罪学这两个领域中，我出版了六十余本书。

1999 年，在联合国欧洲与北美犯罪和罪犯待遇研究所（设在芬兰赫尔辛基市）时，我发现中国人在犯罪时空分布的领域领先世界十年以上。我用尽了一生的精力在寻找犯罪预防的答案。

◇ 犯罪成因

各国犯罪学、警察学专家都在努力探讨犯罪成因，犯罪生物学家也试图找到天生的犯罪人。古典犯罪学派所宣传的“小脑门儿的人都是天生的罪犯”，然而古典犯罪学派的研究越来越被证明是不科学的。而新的犯罪生物学理论，则被重视起来。

犯罪心理学家，试图用心理变化规律，来研究犯罪成因。弗洛伊德并不是犯罪心理学家，他只是心理学家，但他给了犯罪心理学很多启示。

研究犯罪自身的规律，比如情景预防的理论，我给它起了一个易懂的名字“给小偷一个不偷你的理由”。犯罪的时空分布，我又给它起了名字“犯罪地图”或“犯罪日历”。

目前关于犯罪成因的研究至少有 200 多种理论，但是都没有解决实际的预防犯罪问题。

◇ 发现与顿悟

2019 年，在潘家园旧货市场发现一本清代道光年间的古书《最乐编》，是明朝人高道淳所著。

这本书类似于《菜根谭》《小窗幽记》，是讲传统文化与道德修养的一本好书。但它更具备可操作性，内容包含行为规范。几百年来，对它的研究很少，几乎失传。

2020 年上半年，我认真阅读了《最乐编》，并编写了百余篇读书的心得体会。我发现，这是一本集传统文化、道德修养的大成之作，很多理论和做法，令人耳目一新：循安处善，为善最乐，世事洞明，人情通练，是小朋友形成道德理念、青年人走向社会、中老年人道德修养的一本非常有用的参考书。

我将对《最乐编》的读书心得连载于“今日头条”，受到了广大读者和网友的欢迎。很多网友评价：正能量、传统文化好、很实用、教子最好的教材等，有的文章点击量过百万，总阅读量达几千万次。我觉得这对广大读者来说定是有益处的，于是决定出版此书。

本书的中心意思是教人道德修养与为人处事的应对。以“制怒”为例，强调“先忍于色，后忍于心”。不仅强调了制怒的重要性，而且教给年轻人制怒的可操作的方法，首先从脸上看不出来怒气，然后回家再慢慢地调整，自己平复。

本书通篇体现了它的逻辑起点“循安处善”。“循安处善”的原则是：“为人处世，以安全为目的，以善良为前提。”这是古人为人处世、道德修养的准则。

◇ “行为自我调节论”

传统的犯罪学研究，主要的核心是犯罪成因，如犯罪生理学、犯罪心理学、犯罪社会学，等等。传统的犯罪学假定，人的犯罪是有生物学、心理学的基础的。而这些理论绝大部分都有一个假设，那就是犯罪人有明显的生理、心理的缺陷。

而我认为，可以从另外一个角度思考犯罪问题，将犯罪学研究向另外一个角度深入，曲径通幽，柳暗花明。很多年轻人犯罪，并不是什么天生的犯罪人，也不是心理变态，只是遇到事情，特别是棘手的突发事件，不知道怎么去处理，所以做错了事，走上了违法犯罪的道路。而优秀传统文化，道德修养正是教育青年人选择正确行为的参考。

人的成长有关键的几步路，如果走对了，你就会获得成功。如果你走错了，那可能会违法犯罪。只要我们告诉年轻人遇事的正确处理方法，就可以避免很多越轨行为与违法犯罪行为的发生。

而古代的道德修养，如交友之道、制怒慎言等，都是应对越轨行为的最好的解决方法。这就是我在认真阅读中华传统优秀文化的基础上提出的“从犯罪成因论到行为自我控制论”的理论。

◇ 预防犯罪的“青蒿素”

诺贝尔奖是科学的最高奖项，屠呦呦当之无愧地代表中国人领取了这个奖项。她是和爱因斯坦、居里夫人并驾齐驱的伟人。

我们这个年纪的人都知道“新医疗法”。在那个特殊的年代，中西医结合取得了很大的成就。屠呦呦从古书《肘后备急方》中找到了“青蒿一把”的记载。最终，完成了对青蒿素的提取，对疟疾有神奇的疗效，挽救了百万人的生命。古老的文化典籍，为诺贝尔奖这个现代的命题提供了扎实的基础和启迪。

中国文化有几千年系统而不间断的文字记载，有着独具特色的文化典籍。这是我们在社会科学和自然科学中可以独立于世界之林的根本。

疫情期间，看了很多中国古典书籍，研究怎么做好人、怎么做好事、怎么加强修养、怎么变成君子。一个六十四岁的老人，看了这些古书，我才知道怎么做人、怎么做事，顿时觉得以前白活了。于是我写了百余篇文章，集结成《循安处善——王大伟和古人关于君子修养的对话》。

◇ 做人做事定律

某天晚上十一点没有睡意，大脑中像有一道闪电划过，好像找到了解决问题的“青蒿素”。

我的学术假设是：如果一个孩子，在成长的道路上，解决了“怎样做个好人，怎样做好事”这个基本命题，养成了“做好人，办好事”的基本习惯，也许就终生不会走上犯罪的道路。

我把这个学术假设归纳为一个学术定律——“做人

做事”定律。

“做人做事”定律的内涵是：在孩子成长期间，通过教育训练和修养，使孩子树立正确的人生目标。学会说话、办事的具体的、可操作的方法和良好习惯的养成，从而达到“做好人，办好事”的目的。达到了这个目的，就从根本上产生了预防犯罪发生的效果。

“做人做事”定律的秘诀在于，一定是可操作的、可重复的、系统性的教育和培训。比如，怎么抑制发怒、怎么克制被骗、怎么走出焦虑、怎么面对恋爱分手、有哪些具体的礼貌等。将这些教育和培训的精华，浓缩为十大定律，或者是三十个法则，这些全是精华，一学就会，指导人生。这就有别于传统的道德教育，法制教育和预防犯罪的教育。

◇ 文化自信

习近平总书记高度重视传统文化的教育作用，提出了文化自信的理论基础。文化自信是一个民族最基础、最广泛、最深厚的自信。

2020 年 11 月 27 日，中国人民政治协商会议提出“传统文化进课本，进课堂，进校园”的主题思想。党中央，中宣部领导都给予了积极的评价。

传统文化进课本、进课堂、进校园，不仅包括传统绘画、书法，也包括中华民族千百年遗留下来的传统文化、道德修养等精神。在批判借鉴的基础上，介绍一些传统文化中道德修养的内容，不仅对中小学生来说是十分有益的，就是对成年人来说也是促进其个人修养，使其少犯错误、少走弯路的一剂良药。

同时，也开辟了预防犯罪操作性研究的新思路。如果一个人把“循安处善”作为自己的修养基础，凡事“以安全为目的，以善良为前提”，那么，他不仅可以把自己修养成为一个正人君子，更可以从根本上减少越轨行为，杜绝违法犯罪。

今年，我并没有过多地写犯罪学和警察学的书，而是用了半年时间在研读古代的经典。盼望着能从这浩瀚的典籍中，提取出预防犯罪的“青蒿素”。这也许是我这一生最大的学术顿悟，更是我此生使命之所在。

谢谢。